민주주의가
왜 좋을까?

질문하는 사회 07

나는야 주인!!
항표 쏙!

항표 쏙!

나는야 주인!!

항표 쏙!

민주주의가 왜 좋을까?

항표 쏙!

최연혁 글 박우희 그림

정치

나는야 주인!!

나는야 주인!!

나는야 주인!!

항표 쏙!

항표 쏙!

나무를심는사람들

깨어 있는 시민이
민주주의를 지킨다

'십 년이면 강산이 변한다'는 우리 속담이 있지요? 십 년이라는 긴 시간 동안 보이지 않게 조금씩 바뀌어 세상이 엄청나게 변화된다는 말일 겁니다. 저는 한국을 1988년에 떠나 유학을 위해 스웨덴에 오게 되었습니다. 이곳에서 정치학을 공부하면서 스웨덴 생활을 직접 체험했지요. 한국에 갈 때마다 알아볼 수 없을 만큼 엄청나게 변화하는 모습에 깜짝깜짝 놀랄 때가 한두 번이 아니었습니다. 세 번이나 강산이 바뀌었으니 말이지요. 그런데 30년 동안 크게 변하지 않은 것도 있습니다. 우리의 정치와 민주주의는 30년 전과 비교해 볼 때 본질에서 그렇게 큰 변화는 없는 듯합니다. 왜 그럴까요?

1997년 정치학 박사 학위를 받고 22년 동안 스웨덴 대학에서 학생들을 가르치면서 여러 연구를 해 왔습니다. 비교 민주주의와 정치 지도자 연구에 관심이 많았던 저에게 현지에서 수많은 정치인들과 고위 공직자들을 만나는 기회가 주어졌습니다. 총리, 국회 의장, 국회 의원, 도지사 등 스웨덴의 최고위직 정치인들과 행정 관료들을 만났지요.

그런데 한국에서 온 저에게는 신선한 충격이었습니다. 국가 최고위직까지 올라간 사람들의 모습과 행동에서 한국 정치인들과는 다른 모습을 발견했기 때문입니다. 그들에게는 권위적 모습이 보이지 않았습니다. 겸손과 소박함이 말과 행동 그리고 대화에 물씬 배어 있었습니다. 한두 번 경험했으면 아마도 사람들 간의 차이로 생각했을지도 모르겠습니다. 그런데 매번 만나는 정치인들마다 거의 똑같은 느낌을 받았습니다. 그들이 하는 정치는 부패되어 있지 않았고, 국민들로부터 많은 존경을 받고 있었습니다. 이들과 우리의 차이는 무엇일까 고민했습니다.

대학에서 수업 시간에 많은 학생들과 만났습니다. 학생들은 발표와 자유로운 토론에 능숙했고, 다른 사람의 의견을 끝까지 듣고 논리적으로 반론을 제기하는 능력이 돋보였습니다. 수업 때마다 한 손을 번쩍 들고 선생님이 기회를 줄 때까지 손을 올리고 있는 학생들이 많았습니다. 어쩔 수 없이 강의를 잠깐 멈추고 질문에 답을 해야 했습니다. 처음에는 엄청 당황스러웠습니다. 어떤 경우에는 학생들이 너무 버릇이 없다고 생각할 때도 있었지요. 하지만 31년이 지난 지금, 이제는 수업 시간에 그런 모습들을 자연스럽게 받아들입니다. 질문과 반론이 없는 수업은 일방적인 지식 전달에 그치고 맙니다.

평등과 자유, 정의, 재산 소유, 선택 등은 민주주의의 중요한 가치들입니다. 이 가치들은 인권이라는 핵심 가치를 실현하기 위해 꼭 필요한 것들입니다. 모두 다 인간답고 행복하게 살 권리를 충족시켜 주는, 우리 삶에서 꼭 필요한 요소들이지요. 민주주의는 이런 가치들을 담아 내는 그릇이라고 할 수 있습니다.

자유롭게 질문하고 토론하는 분위기에서 논리적 능력, 창의력 그리고 객관적 지식을 쌓게 됩니다. 다양한 민주주의적 가치는 상하 위계질서에서 강요되어 배우는 지식이 아닙니다. 다양한 사회적 가치들이 공존하는 세상을 객관적으로 접하면서 자신의 체험이 민주주의의 가치 기준과 일치될 때 비로소 실천 요소로 자리 잡게 됩니다.

그런데 이런 가치들을 소중하게 지키고 보존하기 위해서는 어떻게 해야 할까요? 나의 평등과 자유, 행복과 정의가 중요하듯 다른 사람의 것도 소중하다고 생각할 수 있을 때 비로소 진정한 민주주의가 이루어질 수 있다는 것을 역사는 이야기합니다. 31년 동안 스웨덴에서 다양한 사람들을 만나고 수업 시간에 학생들과 토론하면서 깨어 있는 시민은 민주주의의 가장 중요한 요소라는 사실을 깨닫게 되었습니다. 깨어 있는 시민은 봉사하는 정치인을 배출하는 중요한 열쇠라는 점도 알게 되었습니다. 둘 다 민주주의를 가꾸는 소중한 자산이지요.

이 책에서는 우리가 진정한 민주 시민이 되기 위해서 필요한 것들이 무엇인지 고민해 보고자 했습니다. 그리고 더 나은 세상을 만들기 위해 무엇을 바꿔야 할지, 어떤 지도자들이 우리에게 필요한지, 다양한 세계 질서와 국가들과의 관계 속에서 우리 사회를 더욱 살기 좋은 세상으로 만들기 위해 어떻게 해야 할지에 대한 고민들을 담았습니다.

이 책을 통해 민주주의는 왜 좋은 제도인지, 어떻게 지키고 키워 나가야 하는지 생각해 보는 계기가 되었으면 합니다.

차례

1장

자유와 평등,
뭐가 더
중요할까?

흑인 노예들은 왜 농장으로 돌아갔을까?

1863년 미국의 링컨 대통령은 노예 해방을 선언했습니다. 흑인 노예들은 자신들을 동물처럼 취급하던 백인들의 구속에서 벗어난다고 기뻐했습니다. 앞으로 이들에게는 좋은 일만 있을까요?

흑인들은 새벽부터 일어나 목화를 따야 했던 강제 노동을 그만두었습니다. 백인 주인의 몸종으로 일하면서 쉬지 않고 집안 일을 해야 했던 아픔도 이제 끝이 났습니다. 아무도 흑인들에게 일을 강제로 지시하지 못했습니다. 흑인들은 진정한 자유를 얻었다고 생각했지요.

그런데 얼마 지나지 않아 흑인들이 다시 농장 주인들을 찾아와 일을 달라고 하는 사례가 많았다고 합니다. 아니, 노예 상태에서 벗어나 자유를 만끽하던 흑인들이 다시 구속 상태로 돌아오기를 원했다니요? 도대체 어떤 일이 일어난 것일까요?

노예 제도 폐지 이후 흑인들은 자유롭게 넓은 세상으로 나갔습니다. 그런데 일자리를 구하기가 쉽지 않았습니다. 운 좋게 일자리를 구했더라도 하루 종일 힘든 일을 하고 받은 임금으로는 먹을 것도 충분히 살 수 없었습니다. 물가가 너무 높았지요. 가족과 함께 살 집도 마련해야 했지만 아무리 고된 노동을 해도 집을 살 수 있을 정도로 돈을 버는 것은 불가능했습니다. 옛 농장에서는 강제 노동을 했지만 먹을 빵과 잠자리는 해결되었습니다. 그래서 흑인들은 다시 농장으로 돌아갔던 것이지요.

여러분은 부모님께 용돈을 타서 생활합니다. 부모님은 여러분에게 열심히 공부하라고 하시지요. 내가 스스로 용돈을 벌거나, 공부를 잘해서 부모님으로부터 공부하라는 말씀을 듣지 않을 정도가 되면 여러분은 어느 정도 자유로운 생활을 하고 있는 겁니다. 그렇지만 아직 미성년자이기 때문에 부모님의 동의를 받아야 하는 경우가 많이 있지요. 누군가가 나의 결정을 간섭할 때 나는 자유롭지 못합니다.

자유롭게 살려면 경제적 독립이 중요해

여러분이 대학에 진학하면 고등학교 때와는 다르게 하고 싶은 것을 마음대로 할 수 있게 될 겁니다. 부모님도 더 이상 공부하라는 말씀을 하지 않으실 거고요. 그런데 대학에 진학해도 용돈을 받고 있다면 부모님과의 관계에서 완전히 자유롭지는 못합니다. 경제적으로 독립을 한 순간부터 완전한 자유로움을 느낄 수 있으니까요.

대학을 졸업하고 난 후 취업 준비를 열심히 했는데, 아직 취직을 하지 못했습니다. 계속 도전했지만 번번이 실패를 하고는 갈수록 자신감을 잃게 됩니다. 집을 나와 독립하고 싶지만 어쩔 수 없이 집에서 머물며 부모님의 눈치를 보는 경우도 있겠지요.

우리는 누군가가 나의 선택에 간섭을 하지 않을 때 자유를 느끼게 됩니다. 첫 번째 단계의 자유이지요. 그런데 지식이나 기술이 부족해 취직을 할 수 없거나 경제적 능력이 부족하면 누군가의 도움을 받아야 합니다. 흑인들은 농장의 강제 노동에서 벗어나 자유를 느꼈지만 글자를 읽을 수도 없고 특별한 기술도 없어서 좋은 일자리를 구할 수 없었지요. 결국 옛 농장 주인을 찾아가 스스로 통제 속으로 들어가게 된 것입니다. 우리가 두 번째 단계의 자유를 누리기 위해서는 기술, 지식, 능력, 재능, 경제력 등을 가지고 있어야 한다는 것을 알 수 있습니다.

2

몬테크리스토 백작은 어떻게 자유를 얻었을까?

18

여러분은 뒤마의 『몬테크리스토 백작』을 읽어 본 적이 있나요?
처음부터 끝까지 읽어 보지는 않았어도 대강의 줄거리를 아는 친구들은 많을 거예요.
억울하게 갇힌 몬테크리스토 백작은 어떻게 자유인이 될 수 있었을까요?

젊은 항해사 당테스는 나폴레옹의 스파이라는 밀고를 당해 억울하게 종신형을 선고받고 마르세유 앞바다에 있는 섬에 갇힙니다. 당테스는 14년 동안 감옥에서 생활하면서 파리아 신부로부터 여러 지식을 배우고 몬테크리스토섬에 숨겨진 보물에 대해서도 알게 됩니다. 우여곡절 끝에 탈출에 성공한 당테스는 보물을 찾고, 몬테크리스토 백작으로 변신합니다.

당테스에게 누명을 씌운 사람들은 성공한 은행장, 정계에서 활약하는 백작, 권력을 휘두르는 검찰 총장이 되어 있었습니다. 몬테크리스토 백작이 치밀한 계획을 세워 복수를 해 나가고, 결국 악당들을 파멸시킨다는 것이 『몬테크리스토 백작』의 줄거리입니다.

당테스가 누명을 쓰게 된 음모는 그가 대적할 수 없을 정도로 큰 힘을 가진 자들이 꾸민 것이었습니다. 이런 압도적인 관계에서 당테스는 당할 수밖에 없었지요. 그래서 그는 피나는 노력으로 힘을 키웠습니다. 탈출해서 어떻게 자신의 재산을 찾고 명예를 회복할 것인가를 구상했습니다. 결국 악당들에게 원수를 갚을 수 있을 정도로 힘을 키웠기 때문에 복수를 하고 원래의 지위를 되찾을 수 있었습니다. 진정한 자유를 얻은 것이지요.

이사야 벌린이라는 철학자는 자유의 두 가지 개념에 대해 연구를 했습니다. 구속으로부터의 해방이 첫 번째 자유, 리버티(liberty)입니다. 그런데 아무도 구속을 하지 않는다고 하더라도 자신이 스스로 살 수 있는 능력이 없으면 다시 구속 상태로 떨어진다고 했습니다. 구속에서 벗어나 다음 단계의 진정한 자유를 누리기 위해서는 스스로 결정할 수 있는 능력, 지식, 경제력 그리고 재능 등을 갖추어야 하지요. 이를 우리는 두 번째 자유, 프리덤(freedom)이라고 합니다. 온전한 자유 상태라고 할 수 있지요.

온전한 자유를 누리려면 힘이 필요해

개인뿐만이 아니라 국가도 마찬가지입니다. 35년간 일본 제국의 식민 국가로 전락했던 우리나라는 독립을 했지만 스스로 결정할 수 있는 힘이 없었습니다. 그래서 북쪽은 소련, 남쪽은 미국이 점령해 나라가 둘로 쪼개질 수밖에 없었지요. 누구도 이래라저래라 할 수 없는 자유 국가의 주권은 가져왔지만, 그 주권을 제대로 행사할 수 있는 힘이 없었습니다. 두 번째 자유가 없는 상태였지요.

지금도 아프리카에는 많은 독립 국가들이 있지만 외국으로부터 경제적 지원을 받으며 유지하고 있습니다. 외국의 자본이 들

어와 나라의 자원을 싼 값으로 가져가도 어쩔 수 없이 당하고 있습니다. 자원을 지킬 수 있는 책임 있는 정치인이 없고, 있어도 힘이 없거나 분열되어 있기 때문입니다. 다른 더 큰 힘을 가진 국가의 도움을 받아 외국의 자본을 배척하고 싶어 하지만 또 다른 의존 관계에 들어갈 뿐이지요.

국가가 완전한 자유를 누리기 위해서는 무엇이 필요할까요? 미래의 주인인 여러분이 자유의 진정한 의미와 뜻을 곱씹고 국력과 국격을 갖춘 나라를 만들기 위해 고민을 해 보면 좋겠습니다.

3

출발점이 다른데 평등할 수 있다고?

여러분이 세상에 나올 때 스스로 선택할 수 있는 건 없습니다. 남자로 태어날지, 여자로 태어날지, 장애를 안고 태어날지, 부잣집에서 태어날지… 이런 것들은 여러분이 결정하는 것이 아니라 운명적으로 결정되는 것이지요. 아무것도 모르는 상황에서 여러분은 이 세상에 나왔습니다.

여러분이 타고난 능력, 재능, 지능, 장애, 성별 등이 다르기 때문에 행복해지고 성공할 수 있는 조건은 다 다르다고 할 수 있습니다. 그런데 누구나 공통적으로 행복하고자 하는 마음은 같습니다. 모두가 가족과 함께 행복하게 살고 싶어 합니다. 내가 좋아하는 것을 하면서 살고 싶어 하지요. 또한 다른 사람이 원하는 것을 이루는 것처럼 나도 원하는 것을 꼭 이루고 싶어 합니다. 원하는 것을 이루는 것을 우리는 성공이라고 해요. 즉 행복과 성공은 모두가 원하는 것이지요.

그런데 신체의 장애를 가지고 태어난 사람과 어떤 장애도 없이 태어난 사람은 처음 출발점부터 다릅니다. 출발점이 다른데 똑같이 목표점에 도달할 수 있을까요? 철학자 존 롤스는 일정한 장애가 있는 사람들도 장애가 없는 사람들과 똑같이 행복하고 성공할 수 있도록 해야 한다고 주장합니다.

국가는 정책이라는 수단을 통해 목표를 실현하고자 합니다. 세금 정책, 경제 정책, 외교 정책, 장애인 정책, 교육 정책, 성평등 정책 등 다양한 정책으로 국가의 목표를 이루고자 합니다. 롤스는 모든 사람이 성공할 수 있도록 정책을 펴는 것이 필요하다고 주장합니다. 평등은 바로 모든 사람이 태어나는 출발점에서부터 비슷하게 해서, 모두 하고 싶은 것을 이룰 수 있는 행복한 상태라고 보았지요. 시작이 비슷해야 결과적으로도 평등한 상태를 만들 수 있다고 본 것입니다.

롤스는 모든 사람이 평등할 수 있도록 국가가 더 적극적으로 개인 간의 차이를 줄여 주는 것이 매우 중요한 일이라고 생각했습니다. 이런 국가를 복지 국가라고 합니다.

복지 국가와 야경국가 뭐가 더 좋아?

그런데 다른 생각을 가지고 있는 철학자들도 있습니다. 로버트 노직이라는 철학자는 모든 사람은 자유롭게 태어났기 때문에 자신이 하고 싶은 것을 선택해서 할 수 있는 자유가 가장 중요한 가치라고 생각했습니다. 평등하게 만들기 위해 서로 다른 인간을 억지로 같게 만드는 것은 억압이라고 보았습니다. 개인의 자유의지로 선택할 수 있는 것이 가장 중요하다고 본 것이지요.

나의 몸과 지식, 그리고 노력으로 얻어진 돈으로 집을 짓고, 농사지을 땅을 사고, 사랑하는 사람과 자유롭게 살 수 있도록 하는 것이 중요하다고 본 것입니다. 야수 혹은 난폭한 사람이 들어와 공격하거나 빼앗거나 하는 것을 방지하기 위해 방범대원, 경찰 그리고 군대를 유지하는 것이 국가의 중요한 역할이라고 했지요. 우리는 이 같은 국가를 야경국가라고 합니다.

야경국가는 밤에 경찰이 우리의 안전을 지키는 것과 같은 국가의 역할을 중요시합니다. 국가의 역할은 무질서한 상태를 예방하고 관리하는 것이 제일 중요하다고 보았습니다. 개인 간의 관계에서 남에게 의존하는 것은 어쩔 수 없는 마지막 수단으로 보았고, 억지로 남의 일에 간섭하는 것은 가장 기본적인 인간의 자유를 침해하는 것으로 보았습니다.

두 사상가가 펼치는 주장은 세계 국가들이 정책을 세우는 데 매우 중요한 기초를 닦아 주었습니다. 존 롤스의 사상을 가장 잘

실천하고 있는 복지 국가는 스웨덴, 덴마크, 노르웨이, 핀란드와 같은 북유럽 국가입니다. 그리고 순수한 야경국가라고는 할 수 없지만, 자유주의적 선택과 개인의 자유를 가장 중요시하는 미국이 로버트 노직의 사상을 실천한다고 할 수 있습니다. 여러분은 누구의 생각이 더 옳다고 느껴지나요?

우리는 다르지 않아?

지우에게는 어릴 적부터 같은 동네에서 자라고 초등학교 때도 줄곧 같은 학교에 다녀 아주 친한 단짝 친구가 있었습니다. 둘은 커서도 영원한 친구가 되자고 약속했습니다.

· ·

지우는 주말에 친구와 만났습니다. 점심으로 맛있는 피자를 먹고, 함께 영화를 보았지요. 영화도 재미있었지만 오랜만에 친구와 함께 노니 너무 행복했습니다. 재미있는 시간은 왜 이렇게 빨리 가는지, 벌써 헤어질 시간이 다가왔습니다. 내일 학교에서 보자고 손을 흔들며 지하철역에서 헤어졌습니다.

다음 날, 학교에 갔는데 친구가 오지 않았습니다. 전화를 걸었는데 받지 않았습니다. 지우는 학교가 끝나자마자 친구 집으로 달려갔지요. 그런데 초인종을 아무리 눌러도 응답이 없었습니다. 돌아가려고 하는 순간 눈물을 흘리는 친구의 어머니를 만났습니다.

"어제 집으로 돌아오다가 차에 치였단다."

"네? 어쩌다가요?"

"운전자가 음주 운전을 했어. 아이를 보지 못하고 치었다고 하더구나. 큰 수술을 받고 지금은 병실에 누워 있어. 잠시 옷을 가지러 왔단다."

울고 있는 어머니를 뒤로 하고 지우는 친구를 만나기 위해 병원으로 달려갔습니다. 그런데 친구는 만나지 않겠다고 했습니다.

몇 시간을 기다렸고, 친구의 엄마가 와서 설득도 했지만 만나지 못했습니다. 그 친구는 하반신 불구가 되어 창피하다고 만나지 않겠다고 한 것입니다.

친구가 처음에는 만나 주지 않았지만 지우가 계속 병실 밖에서 기다려서 결국 만날 수 있었습니다. 그런데 친구는 이제 더 이상 같이 뛰어놀 수 없으니 친구 관계를 끊자고 말하며 눈물을 흘렸습니다.

지우는 친구에게 이렇게 부탁했습니다.

"내가 너의 발이 되어 줄게. 제발 나를 만나지 않겠다고 하지 말아 줘."

둘은 한참 동안 부둥켜안고 하염없이 눈물을 흘렸습니다. 지우는 교통사고 이후 친구를 더 깊이 이해하게 되었다고 합니다.

친구가 퇴원하자 지우는 매일같이 친구 집으로 가 휠체어를 밀고 2년 동안 등교를 했습니다. 학교를 졸업하고 각각 다른 대학에 진학했지만, 둘은 매주 만나 돈독한 관계를 유지하고 있다고 합니다.

이 이야기는 장애인 친구가 탄 휠체어를 매일같이 밀고 학교를 다녔던 학생의 실제 이야기입니다. 영원한 친구가 되자고 한 약속을 지키기 위해 친구의 두 다리 역할을 해 준 이야기지요.

지우는 사고를 당한 친구에게 다음과 같이 이야기했다고 합니다.

"나는 너와 다르지 않아. 나도 어느 한 순간 사고가 나면 너보다 더한 장애를 가질 수가 있거든. 나는 영원히 너의 친구로 남아 있을게!"

민주주의의 출발점, 우리는 다르지 않아!

우리 주위에는 우리와 다르게 보이는 친구들이 많이 있습니다. 피부색이 다른 친구도 있고 언어나 신체장애가 있는 친구도 있습니다. 그런데 그들은 다르다는 것 때문에 항상 불안해하고 차별받을 것을 두려워합니다. 처음 사고를 당했을 때의 친구처럼 비장애인들과 다르다는 것 때문에 마음이 꽉 닫혀 있기도 하지요. 마음 한구석에 상처를 갖고 사는 친구들입니다. 다른 시선을 던지는 것만으로도 아픔을 느끼고 그것을 감내하지요. 여러분의 가족이 여러분을 애지중지 대하듯이 그 친구들도 똑같이 행복하고 성공하기를 바라는 가족이 있습니다.

민주주의는 모든 사람이 성공하고 행복할 수 있도록 하는 정치 제도입니다. 민주주의는 서로의 존중과 이해를 기본으로 하고 있지요. 태어날 때부터 갖고 있는 피부색, 언어, 인종, 종교, 신체장애 같은 것은 겉모습일 뿐입니다. 아픔을 느끼고, 사랑하고, 성공하고 싶고, 인정받고 싶은 마음은 누구나 똑같아요. 우리의 내면은 인간성의 중요한 핵심을 이루고 있습니다.

"우리는 다르지 않아!"

이 말은 민주주의의 출발점이자 우리가 한층 성숙되어 가는 데 꼭 필요한 요소입니다. 우리나라가 좀 더 성숙한 민주 국가, 세계의 으뜸가는 모범 국가가 되기 위해서 꼭 명심해야 할 경구이지요.

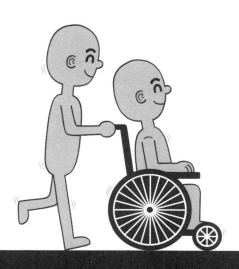

2장

민주주의의
특징

5

민주주의와
맑은 공기의
공통점은
?

후읍—

높은 산에 가면 상쾌하고 기분이 맑아지지요? 사람이 많은 곳보다 공기가 깨끗하기 때문입니다. 도시의 공기는 자동차 매연, 건설 현장에서 나오는 먼지, 공장에서 나오는 연기, 자연 바람이 일으키는 먼지 등이 섞여 오염되어 있지요.

깨끗한 공기, 강물, 바다, 계곡, 나무숲, 야생 동물, 식물 등은 나를 포함한 모든 사람들이 사용하고 즐길 수 있는 자연 자원입니다. 우리는 이것을 '공공재'라고 부릅니다. 공공재는 우리의 삶에 매우 중요한 먹을 것, 쉴 것, 즐길 것을 제공해 줍니다.

공공재는 우리가 살아가는 데 꼭 필요하지만, 너무 흔해 일상에서 잊고 살아가는 경우가 많습니다. 그래서 자연이 어떻게 되든 관계없이 나만 좋으면 그만이라는 생각으로 자연을 파괴합니다.

문제는 공공재는 망가지면 다시 회복하는 데 시간이 많이 걸리거나 영영 되돌릴 수 없다는 데 있습니다. 공장이 규정을 따르지 않고 오염 물질이 많은 연기를 내뿜거나, 너무 오래된 자동차가 건강에 해로운 매연을 내뿜으면 우리가 마시는 공기는 갈수록 더럽혀지게 됩니다. 계곡물도 '나 하나쯤 어때' 하며 함부로 사용하고, 강가에서 음식을 먹고 버리기도 합니다. 이러한 행동을 점점 더 많은 사람이 하면 어떻게 될까요? 결국 우리의 자연 자원은 망가질 수밖에 없고, 희귀한 동식물은 지구에서 영원히 사라지게 됩니다.

나의 행동이 함께 즐겨야 할 자연을 망친다는 것을 알면서도 우리는 왜 안 좋은 습관을 계속 반복하는 것일까요? 바로 자연 자원을 다른 사람들보다 돈은 덜 내면서 더 많이 즐기고자 하는 인간의 본성 때문이라고 합니다. 이를 우리는 '공공성의 비극'이라고 부르지요. 모두 다 똑같이 즐겨야 하는 것인데, 자신의 즐거움만 생각하기 때문에 결국 자연 자원이 망가질 수밖에 없다는 이론입니다.

그런데 공공재에는 우리가 낸 세금으로 지은 공원, 학교, 도로, 교통 신호등, 공항, 항구, 도서관, 지하철, 공중화장실 등도 포함됩니다. 모두 국민들이 즐기고 사용하도록 만든 시설들입니다. 이러한 공공시설은 내가 부주의한 실수로 망가트리거나 더럽게 만들면 다른 사람이 손해 본다고 생각하지만, 사실 내가 낸 세금, 부모님이 낸 세금으로 고쳐야 하기 때문에 결국 나도 손해를 입게됩니다.

공공시설을 함부로 사용하면 모두가 손해야

우리의 민주주의도 마찬가지입니다. 서로 법을 잘 지키고, 정당한 방법으로 경쟁해야 하는데 서로의 이익만을 추구하게 되면 망가질 수 있습니다. 우리가 얻는 이익, 행복 그리고 즐거움을 '효용'이라고 부르지요. 제러미 벤담이라는 철학자가 내세운 '최대 다수의 최대 행복'이라는 공리론은 우리의 본성으로 만들어지는 문제를 해결하려고 하는 노력이었습니다. 개인 생활의 목표는 행복이고, 개인이 모여서 이루어지는 사회의 행복 또한 최대 다수가 그것을 누릴 수 있을 때 가능하다고 했습니다.

민주주의는 국민이 스스로 결정하고 통치하는 주권을 기초로 하지만 동시에 세금, 국방, 준법정신과 같은 의무도 함께해야 잘 보존되고 발전될 수 있는 제도입니다. 즉 공기와 물같이 민주주의 제도도 함께 지키고 가꾸어야 할 공공재입니다.

6

행복한 공동체를 위한 비법은?

지하철 정거장에서 기다릴 때 자연스럽게 줄을 서지요? 내리는 사람이 먼저 내린 후 기다리던 사람이 차례대로 탑승을 합니다. 만약 줄을 서지 않고 승객이 내리기 전에 타려고 하면 어떻게 될까요? 서로 부딪쳐서 사고가 날 수도 있고, 시간도 훨씬 더 걸립니다. 모두가 손해인 셈이지요.

우리가 살아가는 사회를 우리는 공동체라고 부릅니다. 공동체는 사회의 모든 일원이 주인이 되는 조직체입니다. 주인이라는 뜻은 시민으로서의 기본적 권리와 책임을 가진다는 뜻입니다. 아동의 경우 성인이 될 때까지 일부 권리와 책임을 유보하게 됩니다. 이런 권리와 책임에는 투표를 할 수 있는 참정권, 세금을 내는 의무 등이 있지요.

만약 권리와 책임을 일부 시민들만 갖거나 실천하게 되면 어떻게 될까요? 지하철에서처럼 모두가 손해를 보고 불편해집니다. 시민이 누릴 권리만 챙기고 당연히 져야 할 책임을 회피하면 결국 공동체는 깨지고 맙니다. 그럼 우리 공동체가 모두에게 편하고 좋은 환경을 갖추려면 개인은 무엇을 해야 할까요?

먼저 적극적인 참여가 필요합니다. 학교에서 청소를 할 때도 모두가 같이하면 빨리 끝나고 모두 만족하게 됩니다. 그런데 누군가 요령을 부려 적당히 하면 어떻게 될까요? 시간도 더 많이 걸리고, 불평등하게 됩니다. 투표를 할 때도 전체가 참여하면 학급의 의견을 정확히 알 수 있고 뽑힌 사람도 전체를 대표한다는 자부심을 갖게 되지만, 일부만 투표에 참여하면 참여하지 않은 사람들의 의견은 반영이 안 되기 때문에 대표성도 떨어지지요. 공동체에서 가장 중요한 덕목 중 하나는 '공동체의 관심사에 적극적으로 참여'하는 것입니다.

그다음으로 다른 사람들과 조화를 이루어야 합니다. 서로가 만족하기 위해서는 상대방의 입장에서 한 번 더 생각해 보는 것이 필요합니다. '나부터' 혹은 '나만'이라는 생각에서 '우리 함께'라는 생각을 하게 되면 사회는 질서 있게 움직이고 모두가 편한 세상이 됩니다. '연대'라는 용어는 바로 더 좋은 사회를 만드는 데 꼭 필요한 덕목입니다. 특히 아동, 노약자, 장애인, 이주 노동자, 탈북자 등 사회적 약자를 우선적으로 배려해 주는 것도 연대의 중요한 요소입니다.

민주주의에 꼭 필요한 시민 의식

이와 함께 규칙을 따르고 법과 질서를 지키는 것도 중요합니다. 이를 '준법정신'이라고 합니다. 이 정신이 깨지면 누군가가 대신 불편해지고 결국에는 자신도 손해를 보게 됩니다. 법질서가 깨지면 다른 사람이 어떻게 행동할지 몰라 매우 불안한 사회가 됩니다. 빨간색 신호등에서 운전자가 멈추지 않고 돌진하면 어떻게 되지요? 많은 사람들이 다치게 될 겁니다. 그래서 법은 아무리 급하고 조금 불편하더라도 무조건 지켜야 하는 것입니다. 만약 법에 문제가 있다고 생각하면 어기고 무시하는 것보다 우선 법에 따라 행동하면서 법을 바꾸도록 노력하는 자세가 중요합니다. 국회 의원에게 편지를 쓰든지, 신문사나 방송국에 호소를 하든지, 서명을 받아 법 개정 청원을 하든지 말이지요.

공동체에서 문제가 되는 것 중의 하나가 불평불만입니다. 자신의 잘못은 아랑곳하지 않고 남만 비판하는 사람들이 있지요. 남을 비판하기 전에 반드시 자신은 잘 실천하고 있는지, 똑같은 비난을 받을 일은 없는지 점검해 보아야 합니다.

또한 다른 사람의 의견에 대해 비판할 경우 대안을 가지고 이야기하는 것이 좋습니다. 무조건적으로 반대하면서 대안을 제시하지 않으면 해결책이 없기 때문입니다. '합리적 비판'은 민주 사회에서 좋은 토론 문화를 형성하고 책임 있는 시민을 만드는 요소가 됩니다.

적극적 참여, 연대 의식, 준법정신 그리고 합리적 비판은 우리 사회를 더욱 건강하게 만들고, 서로를 신뢰할 수 있도록 변화시켜 주는 데 꼭 필요한 요소들입니다. 이와 함께 나의 생각이 중요하듯이 다른 사람의 의견과 생각, 그리고 개인적 차이도 인정해 줄 필요가 있지요. 이를 우리는 '관용'이라고 합니다. 위에서 언급한 네 가지와 함께 관용이 존재하는 사회는 서로를 포용해 주기 때문에 갈등이 줄어들 수밖에 없겠지요? 따라서 국가의 효율성이 매우 높아지게 됩니다.

민주주의가 잘 발달될수록 시민 의식도 함께 성숙해 나갑니다. 이 다섯 가지는 성숙한 시민 의식의 기초를 이루고 서로 믿을 수 있는 좋은 국가의 기초가 됩니다.

대의 민주주의가 궁금해?

민주주의 제도에서도 나의 권리와 자유를 맘껏 즐기기 위해서는 남의 자유와 권리를 존중해야 하는 기본적 제한은 주어집니다. 존 스튜어드 밀이라는 근대 사상가가 1859년 「자유론」이라는 책에서 소개한 이론에 기초합니다.

다른 사람의 자유와 권리를 침해했을 경우에는 법에 정해진 규율에 따라 처벌할 수 있는 권리를 국가가 가집니다. 민주 국가는 법을 집행하기 위해 제한적으로 폭력을 합법적으로 사용할 수 있습니다. 국가는 경찰과 군대, 정보기관 그리고 사법부를 동원할 수 있지요.

따라서 누구나 헌법에서 제공된 인간답게 살 권리, 그리고 행복할 수 있는 권리를 누리되 다른 사람의 자유와 권리를 침해하지 않는 범위 내에서 이루어져야 합니다.

주권자의 기본적 자유는 최대한 보장되어야 하지만 국가의 운영을 위해 필요한 세금, 국방, 질서 유지 등에 필요한 국민적 의무도 성실하게 따라야 하지요. 국가는 주권자인 국민의 행복 추구권을 위해 기본적인 삶의 수준을 제공할 의무도 가지고 있습니다. 그래서 공원 시설, 체육 시설, 학교, 보건소, 공중화장실뿐 아니라

자유론 밀은 「자유론」에서 국가에 대한 개인의 자유를 열렬히 주장했다. "개인의 자유는 자신의 사고와 말, 행위가 다른 사람들을 해치지 않는 모든 범위에서 절대적이다. 국가의 법률이나 일반적인 도덕적 판단은 개인의 자유를 제한해서는 안 된다."

장애인이나 노인을 위한 복지 시설 등에 기본적 지원을 하게 됩니다. 주권자들의 권리와 의무는 국가의 의무인 서비스 제공과 상호 관계를 가지고 있습니다.

> **국민을 대표하는 정치인을 뽑는 대의 민주주의는 선거 민주주의 혹은 참여 민주주의라고도 해**

　　민주주의 제도는 헌법과 법이라는 틀 속에서 움직이는 정치 체제입니다. 그래서 민주주의 제도는 헌법 민주주의, 혹은 법치 국가라고도 하지요. 법에 따라 통치하는 국가라는 의미를 담고 있습니다.

　　민주주의적 결정은 국민의 직접적 참여와 선거를 통해 이루어집니다. 그런데 시간과 공간상의 문제 때문에 국가의 크고 작은 문제를 논의하고 결정할 대표, 즉 정치인을 필요로 합니다. 그래서 이런 민주주의는 대의 민주주의 형태를 띠고 있습니다. 선거에 참여하는 유권자가 필요하기 때문에 선거 민주주의 혹은 참여 민주주의라고도 합니다.

　　대의 민주주의는 국민이 공청회나 주민 토론회, 여론 조사 등에 참여해 국가 대사에 관여할 수 있도록 문을 열어 두고 있는 형태로 운영되기 때문에 숙의 민주주의라고도 합니다. 또한 합의를 이끌어 내는 과정이기 때문에 합의 민주주의라고도 합니다. 기본 적으로 자유의사에 따라 참여하고 모든 사람이 법 앞에 평등하다는 주권 사상에 충실하기 때문에 자유 민주주의, 그리고 평등 민주주의의 내용도 함께 담고 있는 그릇이기도 합니다.

8

인기 없는
스포츠는
중계하지
말까?

ㅠㅠ

여러분도 스포츠 경기를 보는 걸 좋아하나요? 우리나라는 스포츠의 인기가 높습니다. 프로 야구와 프로 축구 경기는 많은 팬을 확보하고 있지요. 자신이 응원하는 팀의 경기를 직접 보기 위해 경기장을 찾는 사람들도 많아요.

직접 경기장에 가서 경기를 즐길 수 없는 사람들은 TV에서 경기를 볼 수 있도록 중계방송을 해 주기를 바랍니다. 간접적으로라도 좋아하는 팀이 경기하는 모습을 보고 싶은 거지요. 축구나 야구 경기는 전국 어디서나 볼 수 있는 지상파 방송에서 더 많이 생중계를 해 주면 좋겠다고 합니다.

그런데 이 두 경기 종목과는 달리 육상이나 핸드볼 같은 경기에는 관중이 그다지 많지 않습니다. 사이클 경기도 예외가 아닙니다. 관중석은 거의 비어 있는 경우가 많지요. 겨울 스포츠인 스케이트나 점프스키, 컬링, 아이스하키 등도 마찬가지입니다. 가끔씩 비인기 종목 경기를 중계방송하면 누가 그런 프로그램을 보느냐고 항의가 빗발칩니다. 그래서 방송국은 대다수 국민들이 좋아하는 스포츠 위주로 프로그램을 편성하게 되고, 비인기 종목의 선수들은 많은 불만을 가지고 있습니다.

스포츠도 그렇지만 문화 행사 중계방송도 마찬가지입니다. 아이돌 음악이 선풍적인 인기를 끌면서 인기 아이돌 그룹들이 출연하는 공연이나 예능 프로그램이 넘쳐 납니다. 반면 다른 문화 영역인 발레, 오페라, 국악 연주 프로그램 등은 생중계되는 것이 거의 없을 정도입니다. 어쩌다가 공영 방송에서 인기 시간에 방영하면 과연 몇 명이나 시청한다고 국민 세금을 낭비하느냐고 항의를 한다고 합니다. 그래서 아예 방영하지 않거나 시청자가 거의 없는 늦은 시간에 편성을 해서 방송을 합니다.

여러분이 공영 방송의 책임자라면 어떻게 할 건가요? 인기가 많은 순서대로 야구와 축구를 가장 많이 방송하고, 인기가 없는 종목은 아예 빼거나 늦은 밤 또는 새벽에 편성할 건가요?

대표자는 국민의 무엇을 대표할까?

대의 민주주의도 같은 문제점을 안고 있습니다. 대표자는 국민을 대표한다고 하는데 대체 국민의 무엇을 대표해야 할까요? 정치에서 대표라는 의미는 세 가지로 나눌 수 있습니다.

우선 '이익의 대표'를 들 수 있습니다. 대표자가 소속되어 있는 사회단체나 직업 단체 등 이익 집단을 대표하는 경우입니다. 선거에서 자신이 속한 단체의 이익을 더 잘 대변할 수 있는 정당에 표를 던지게 되고, 국회에 자신들을 대표할 수 있는 의원들이 더 많이 진출하도록 노력합니다. 이 경우 아주 작은 이익 단체 혹은 단체가 없는 힘없는 개인들은 자신의 이익을 대변해 줄 정당이나 국회 의원이 없어 불이익을 보게 되지요.

그다음은 '의견의 대표'를 들 수 있습니다. 의견은 하나의 문제에서 매우 다른 모습을 띨 수 있습니다. 공공 어린이집을 더 지을지 말지, 공항을 어디에 지을지, 국방비를 올려야 하는지 내려야 하는지 등 수많은 정책에 대한 평가는 각기 다르지요. 누구 한편의 의견만 편중되게 들으면 다른 의견을 가진 쪽은 불만이 생깁니다. 정책마다 매번 의견을 모으기가 쉽지 않기 때문에 정당들은 선거에서 정책 공약을 하고, 선거에서 이긴 정당이 정부를 구성해 그 공약을 정치에 반영하고자 하지요. 하지만 이것도 많은 문제점이 있습니다. 어떤 정당이 선거에서 이겼다고 국가에 큰 부담을 지우고 국민을 분열시키는 정책을 채택하면 어떻게 해야 할까요? 대다수 국민들이 지지하는 쪽의 의견만 듣고 정치를 펼치면 소수의 목소리는 어떻게 해야 하지요?

마지막으로 '정체성의 대표'를 들 수 있습니다. 이들은 경제적 이득보다도 자신의 정체성을 대표하는 정당을 지지합니다. 예를 들어 여성을 더 위하는 정당, 청년을 더 위하는 정당, 노인을 더 잘 대표하는 정당을 말합니다. 종교, 인종, 언어, 피부색 등 자신의 인구학적 정체성을 잘 대변하고 이해하는 정당에 지지를 보내게 되지요.

민주주의의 장점은 어느 한 사람이 나라를 좌지우지하거나 극소수의 사람이 다수를 통치하는 것이 아닌 다양한 목소리가 정치에 반영될 수 있다는 점입니다. 동시에 앞에서 말한 세 가지 대표성 문제 때문에 정치에 큰 갈등이 섞여 있기도 합니다. 민주주의의 해결하기 어려운 문제라고 할 수 있지요.

해결할 수 있는 방법은 쉽지 않지만 원칙을 지키면 가능합니다. 민주주의는 과반수의 원칙에 따라 다수가 지배하지만 소수의 의견도 정치에 반영할 수 있는 다양한 방법을 가지고 있습니다. 소수의 이익, 의견, 정체성을 반영하기 위한 쿼터 제도(어떤 제한을 할 때 특정 부문, 집단, 또는 개인에 대하여 주어지는 할당)도 있고, 공청회와 주민 회의 등과 같은 숙의 민주주의도 좋은 방법입니다. 소수의 작은 목소리도 반영될 수 있는 제도이지요.

공익을 위한 공영 방송에서 보는 사람이 매우 적어도 황금 시간대에 비인기 종목과 문화 행사도 중계하는 것이 민주주의적 방송 편성 방법일 겁니다. 왜 그럴지 친구들과 상의해 보시기 바랍니다.

9

권력은 세 얼굴을 가지고 있다고?

로마 신화에 등장하는 야누스라는 신을 알고 있나요? 성이나 집의 문을 지키는 수호신이지요. 전쟁과 평화를 상징하기도 하고, 두 얼굴을 가진 신으로도 잘 알려져 있어요.

야누스는 시작과 끝이라는 뜻을 가지고 있습니다. 로마 시대에는 1월을 '야누스의 달'을 뜻하는 야누아리우스(januarius)라고 했는데, 지금 영어에서 1월을 뜻하는 재뉴어리(january)의 기원이 되었다고 합니다. '야누스의 두 얼굴'은 동전의 양면처럼 같은 사람이지만 선과 악의 두 가지 모습을 지닌 이중적인 사람을 가리킵니다. 또 좋은 점과 나쁜 점을 모두 가진 물건처럼 하나의 물체가 두 가지의 특징을 가지고 있을 때 사용하는 단어이기도 합니다.

스티븐 룩스라는 정치학자는 야누스에는 두 얼굴이 있지만 권력에는 세 개의 얼굴이 있다고 보았습니다. 그렇다면 권력의 의미부터 먼저 살펴볼까요?

권력의 의미는 '원하지 않지만 억지로 하게 만드는 힘'이라는 뜻을 내포합니다. 숙제하기 싫지만 선생님이 벌을 준다고 해서 억지로 했다면 선생님이 권력을 가졌다고 할 수 있습니다. 권력을 가진 사람은 내가 하지 않은 행위에 대해서 청소나 벌 등의 불이익을 줄 수 있습니다. 권력을 가진 사람은 나의 의사에 반해서 행동을 하게 만들기 때문에 강제력을 가지고 있지요. 권력은 시키는 사람과 행동하는 사람 사이에 상하 관계, 혹은 주종 관계를 형성하게 만듭니다. 이렇게 강제로 행동하게 만드는 힘인 권력은 어떤 세 개의 얼굴을 가지고 있을까요?

66 억지로 행동하게 만드는 힘, 권력

권력의 첫 번째 얼굴은 결정하는 힘입니다. 위의 예에서처럼 선생님은 숙제에 관한 결정권이 있는 사람입니다. 권력을 가진 사람이 누구인지 궁금하면 누가 그 결정을 하고 있는지 보면 된다고 보았습니다. 이 경우 실질적으로 권력을 가진 사람이 눈에 보입니다.

두 번째 얼굴은 눈에 보이지는 않지만 결정을 하게 하는 힘이라고 보았습니다. 배가 고파 짜장면이 먹고 싶은데, 엄마가 분식은 몸에 안 좋으니 볶음밥이나 비빔밥 중에 하나를 고르라고 해서 볶음밥을 골랐다면, 볶음밥을 결정한 내가 권력을 가진 것이 아니지요. 실질적으로 엄마한테 메뉴 선택의 권력이 있었던 겁니다. 따라서 결정할 수 있는 안건의 순위를 정해 주는 사람이 실질적 권력을 가진 사람이지요. 이 경우 실질적으로 권력을 가진 사람은 눈에 보이지 않습니다.

세 번째 얼굴은 생각한 것과 다르게 행동하게 하는 힘입니다. 누군가 나에게 짜장면을 먹은 사람의 이가 시커멓게 변하는 걸 보았으니 먹으면 안 된다고 해서 사실인 것 같아 믿고 따랐다면 잘 못된 주장을 한 사람은 실질적으로 권력을 가진 사람입니다. 거짓 선전이나 심리적 압박을 주는 광고나 문구, 그리고 선동을 위한 주장 등을 사용해 심리적으로 다른 결정을 하게 만드는 힘입니다. 그래서 세 번째 권력의 얼굴은 위선적 얼굴이라고 합니다.

권력은 이처럼 다양한 얼굴을 갖고 있지만, 권력의 세 가지 얼굴 모두 마음에 안 들죠?

카리스마 넘치는 지도자가 멋져?

존경하는 선생님이 있으면 저절로 따르는 마음이 생겨납니다. 선생님이 시키지도 않았는데 깨끗하게 교실 청소를 했다면, 벌을 받는 것이 무서워서가 아니라 존경해서 한 행위이지요. 누군가를 좋아할 때는 잘 보이고 싶은 마음이 자연스럽게 생기니까요.

이처럼 학생들로부터 존경을 받는 선생님이 가진 능력 혹은 힘을 우리는 권위(authority)라고 합니다. 똑같은 행위를 하더라도 내가 자발적으로 하는 것과 누가 시켜서 억지로 하는 것은 다르지요. 권력이 강제로 하게 하는 힘이라면 권위는 자발적으로 하게 하는 힘입니다. 권력의 반대 개념인 권위에 대해서 알아보아요.

막스 베버라는 독일의 사회학자는 권위적 관계는 세 가지 형태로 나타난다고 보았습니다.

첫 번째로 권위는 전통에서 나옵니다. 아직도 아프리카에 존재하는 소수 종족의 추장은 전통에 따라 아버지로부터 추장직을 물려받습니다. 아무도 추장의 아들이 추장이 되는 것에 이의를 제기하지 않습니다. 오랫동안 이어져 내려온 전통에 따라 순종하는 것이지요. 전통은 자발적인 충성을 유발하는 가장 보편적인 권위의 원천이 되지요.

권력이 아닌 권위가 지배하는 사회를 꿈꾼다!

두 번째로 권위의 원천은 카리스마(Charisma)에 있습니다. 카리스마는 신의 은총을 뜻하는 그리스어 Khárisma에서 유래하였습니다. 카리스마라는 단어의 의미는 아무도 도전하지 못할 정도의 강력한 능력, 재능, 혹은 결단력을 내포합니다. 남들이 가지고 있지 않은 능력을 가진 사람에게 우리는 큰 매력을 느낍니다. 사회가 어지럽거나 혼란스러울 때 카리스마가 있는 지도자를 바라는 것은 자연스러운 현상입니다. 평범한 능력을 가진 사람은 어려운 문제를 해결하지 못할 것이라고 생각하지요. 대중들은 카리스마를 내뿜는 지도자에게 매력을 느끼고 열광하게 됩니다.

세 번째로 자발적 복종의 원천으로 합리성과 법치를 꼽습니다. 헌법에 따라 선출된 대통령을 우리는 자연스럽게 따르지요. 법과 제도에 따라 절차가 이루어지면 결과 또한 합리적으로 받아들이게 됩니다. 자발적 복종을 유발하기 때문에 통치에 필수적인 정당성의 원천이 된다고 보았습니다.

이처럼 베버는 권위적 관계의 세 가지 유형으로 전통적 지배, 카리스마적 지배, 합리적 지배를 꼽았습니다.

민주 사회에서 권력 관계보다 더 중요한 것은 권위적 관계입니다. 벌금이나 형사 처벌 등이 두려워 자동차를 규정 속도로 운전하는 것이 아니라 법과 사람을 존중하기 때문에 안전하게 운전했다면 이것은 민주적 법과 제도의 권위로 인한 행동이라고 할 수 있습니다. 우리가 꿈꾸는 사회는 바로 권위가 지배하는 사회일 것입니다.

3장

우리는 어떤 사회에서 살고 있을까?

11

민주주의의 반대는 공산주의일까?

우리는 어떤 정치 제도에서 살고 있을까요? 네, 맞아요. 민주주의 제도이지요. 그럼 민주주의의 반대는 뭘까요? 설마 아직도 공산주의라고 말하지는 않겠지요? 민주주의의 반대는 권위주의라고 할 수 있어요.

민주주의 제도는 국민이 주권자가 되어 통치하는 정치 체제를 말합니다. 그럼 주권은 뭘까요? 여러분 집의 주인은 누구지요? 바로 여러분 자신과 부모님, 그리고 형제자매들입니다. 가정의 모든 일을 함께 상의하고 결정하지요. 물론 부모님이 주로 결정하는 경우가 많습니다. 자녀들은 경제적으로나 정신적 혹은 육체적으로 아직 독립적이지 않기 때문입니다. 독립성은 주권의 가장 중요한 요소이지요.

국민들도 마찬가지입니다. 한 나라의 국민으로 주권자가 된다는 것은 개인으로 독립된 사람이 된다는 뜻입니다. 그런데 가정에서와 다른 점은 민주 국가에서 국민이 가진 주권은 아무도 침해하거나 훼손할 수 없다는 점입니다. 국가 기관이나 경찰, 혹은 무력을 가진 사람이 여러분의 삶에 개입하거나 명령할 수 없어요. 예를 들어 어디로 이사를 갈지, 어떤 직업을 선택할지, 아니면 오늘 저녁에 누구를 만나 어떤 대화를 할 것인지에 대한 권리는 민주 국가에서 국민의 기본권에 해당됩니다.

'기본권'은 사람답게 살 권리를 말하고, 다른 사람들과 더불어 살 권리를 의미합니다. 내가 어떤 정당에 투표할지, 어떤 정당에 가입해 정치 활동을 할지, 집회에 참가할지 말지 등 정치와 연관된 행위뿐 아니라 어떤 직업을 가질지, 내가 일해서 번 돈을 어떻게 쓸지, 어떤 집을 사고팔지에 대한 경제적 행위, 그리고 어떤 종교를 가질지, 어떤 예술 활동을 할지, 어떤 사상과 철학에 관심을 가지고 공부할지 등의 문화 예술 행위까지 모두 포함하는 인간답게 살 권리를 의미합니다.

전 세계에서 민주주의 체제는 45%뿐

이 같은 민주주의 정치 제도의 반대편에는 무엇이 있을까요? 바로 권위주의 제도입니다. 인간의 기본권을 제한하고, 극히 적은 수의 사람이 법을 만들어 대다수의 삶을 통제하는 체제이지요. 선거라는 절차도 거의 없고, 있더라도 아주 제한적입니다. 선거를 해도 개인의 자유의사에 따라 투표하는 것이 아니라 정권을 가진 사람의 의도에 따라 투표하는 것이 보통입니다. 중국에서는 대의 민주주의 제도가 존재하기는 하지만 시골 마을 단위에서만 제한적으로 행해지고 있습니다. 북한도 이런 권위주의 체제에 해당됩니다.

민주주의와 권위주의의 중간 단계로 민주적 선거가 형식적으로 존재하지만 정권의 정당성 확보 차원에서만 작동하는 체제도 있습니다. 이를 우리는 혼합 체제, 또는 하이브리드 체제라고도 합니다. 세계적인 인권 단체인 프리덤 하우스에서 발표한 조사 결과에 따르면, 전 세계에는 민주주의 체제가 45퍼센트, 권위주의 체제가 38퍼센트, 그리고 하이브리드 체제가 17퍼센트 차지한다고 합니다.

12

민주주의 발전 과정이 궁금해?

민주주의 제도는 약 2500년 전 고대 그리스의 도시 국가 아테네에서 시작되었어요. 이때는 시민들이 직접 아고라(agora)라는 광장에 모여 의회나 각종 위원회 등을 대표할 사람들을 선출했지요. 그래서 아테네 민주주의를 직접 민주주의, 혹은 광장 민주주의라고 합니다.

당시 아테네에는 대략 25만 명의 주민이 살고 있었다고 해요. 그런데 투표권을 가진 사람들은 25만 명의 주민 전체가 아니라 성인 남성 중 아테네인들이었어요. 여성이나 노예 그리고 외국인에게는 시민권을 주지 않았습니다. 즉 나라의 살림과 중요한 결정을 아테네 성인 남성들만이 하도록 한 것이었지요. 이들은 전체 인구의 10퍼센트 정도밖에 되지 않는 소수였습니다.

중세 이후 이탈리아, 영국, 프랑스를 중심으로 계몽주의 운동이 일어나기 시작했습니다. 1492년 콜럼버스가 서인도 제도를 발견하고, 에스파냐와 포르투갈의 탐험가들이 배를 타고 세계 일주를 하고 나서부터는 새로운 세계가 있다는 사실을 확인하게 되었지요.

그리고 1530년대에 당시 독일 땅이었던 토른에 살던 코페르니쿠스는 태양이 지구 주위를 도는 것이 아니라 지구가 태양 주위를 돌고 있다는 지동설을 주장합니다. 지구가 우주의 중심이라고 믿고 있던 당시의 교황청은 코페르니쿠스의 지동설 연구서를 금서로 지정해 사람들이 읽지 못하도록 했습니다. 하지만 1609년

갈릴레이는 직접 천체 관측 망원경을 만들어 우주를 관찰한 결과 지동설을 다시 확인하게 됩니다.

지리와 우주를 통한 진리 탐구가 진행되고 있을 때 독일의 성직자 루터는 당시 천국에 가려면 돈을 많이 내야 한다는 교황청의 지시에 반발합니다. 루터는 성경과 기도를 중심으로 한 97개 조항의 기독교인의 자세를 구텐베르크 대학 앞에 내걸어 엄청난 파문을 일으킵니다. 그러면서 새로운 예배 의식과 기도 방식을 적용해 예배를 보기 시작했습니다. 바로 이것이 종교 개혁 운동이지요. 이때 새로 태어난 종교를 우리는 개신교, 즉 새롭게 개혁한 신교라고 부르고 있습니다. 루터 자신이 직접 주도한 루터교를 비롯해 칼뱅교, 청교도, 성공회, 장로교 등은 새로 생겨난 신교입니다.

이렇게 유럽에서 새롭게 일어난 운동은 정신과 지식 개혁 운동으로 지속적으로 퍼져 나갔습니다. 오로지 하나의 진리만 있다고 하는 유일 체제에서 벗어나 진리는 우리가 경험하고 인지할 수 있는 세계, 즉 관찰할 수 있는 세계에서만 발견할 수 있다고 하는 실증주의에 눈을 뜨게 됩니다.

종교와 학문 세계에서의 변화는 기존 통치 철학에도 반기를 들게 되었지요. 왕의 말이 곧 법이었던 절대주의 시대에는 신과 왕의 통치가 절대적인 복종의 대상이었다면 이제는 인간 개인의 가치에 눈뜨게 된 것이지요. 삶에서 가장 중요한 인간의 필요 즉 악당이나 외적과 같은 폭력으로부터의 자유, 자기가 몸을 움직여

창출한 경제적 가치에 대한 보호, 아무 이유 없이 체포되어 감옥에 갇히거나 신체에 해를 입는 것으로부터 벗어나는 신체의 자유 등 가장 기본적 권리, 즉 인권에 서서히 눈뜨게 되었습니다. 이런 인권을 보호해 주는 정부, 혹은 국가가 필요하다고 보았지요.

아테네에서 시작해 사회 계약설에 이르기까지

1600년대 영국의 철학자 토머스 홉스는 인간의 자연 상태를 '만인의 만인에 대한 투쟁'이라 정의하였습니다. 홉스는 이러한 무질서 상태를 벗어나기 위해 국가가 계약을 바탕으로 만들어졌다는 사회 계약설을 폈습니다.

홉스의 사상은 로크와 루소로 이어졌습니다. 엄마 배 속에서 태어나면서부터 받은 인간의 기본적 권리, 즉 천부 인권론이 주장되었고, 민주적 정부가 가장 적합한 제도라는 인식이 널리 퍼졌습니다. 사회 계약설은 대의 민주주의의 주춧돌을 놓아 준 사상이라

사회 계약설 홉스, 로크, 루소 모두 사회 계약설을 주장했지만, 홉스는 절대 군주제를, 로크는 입헌 군주제를, 루소는 직접 민주제를 지지했다. 또 홉스는 국민의 저항권을 인정하지 않은 반면 로크와 루소는 국민의 저항권을 정당화했다. 로크의 사상은 근대 민주주의 사상의 가장 중요한 기반이 되었고, 루소의 사상은 프랑스 혁명의 바탕이 되었다.

고 할 수 있습니다.

따라서 민주주의는 이전 시대의 다양한 변화와 진리에 대한 요구, 그리고 인간의 가장 기본적 권리, 즉 인권을 지켜 줄 수 있는 제도라는 인식으로부터 서서히 뿌리를 내리게 된 것입니다.

13

영국이 민주주의의 성지라고?

그래!
내가 바로 성지야.

영국은 민주주의의 성지라 불립니다. 왜 그럴까요? 영국의 민주주의 발전은 13세기부터 오랜 시간 진행되었습니다. 아주 흥미진진한 내용이니까 잘 살펴보아요.

1215년 당시 영국의 국왕이었던 존은 마음대로 전쟁을 치르기 위해 세금을 거둬들이고 군사를 풀어 약탈하였습니다. 왕이 자기 마음에 들지 않는 사람들을 마구 체포하고 감옥에 가두자 귀족들과 성직자들은 왕을 견제하지 않으면 큰 위협이 될 수 있다고 보았습니다.

그래서 이들은 왕의 권력을 제어하기 위해 머리를 맞대고 토론했지요. 긴 논의 끝에 68개 항목으로 되어 있는 문서 하나를 작성했어요. 이것이 바로 '마그나 카르타'입니다. 이 문서에는 왕은 귀족들의 모임인 의회의 허락 없이 세금을 징수할 수 없고, 왕 마음대로 전쟁을 할 수도 없으며, 이유 없이 사람을 잡아서 감옥에 가둘 수 없다고 못 박고 있습니다. 그리고 남편을 잃은 과부들이 재혼할 수 있도록 하고, 과부가 재산권도 행사할 수 있도록 했습니다. 이 귀족 모임은 나중에 영국 의회의 상원 제도의 모태가 되었습니다.

그런데 1600년대에 다시 한 번 왕이 문제를 일으킵니다. 찰스 왕이 마음대로 세금을 거둬들이자 이번에도 의회 귀족들이 들고 일어났습니다. 싸움에서 진 왕은 다시는 의회의 허락 없이 세금을 징수하지 않겠다고 약속했습니다. 이 사건을 역사가들은 '권리 청원'이라고 부릅니다. 하지만 다시 왕이 의회를 무시하고 세금을 거둬들이려고 하자 개신교의 한 교파인 청교도들이 주축이되어 내란을 일으킵니다. 혁명군을 이끈 사람은 바로 크롬웰이라는 귀족이었습니다. 결국 청교도가 승리해 찰스 왕은 교수형에 처해집니다. 영국에서 처음이자 마지막으로 왕을 사형에 처한 이 사건을 '청교도 혁명'이라고 부릅니다.

크롬웰은 최고 집정관이 되어 왕처럼 통치를 했습니다. 이를 공화정이라고 합니다. 하지만 크롬웰이 죽자 공화정 체제도 5년만에 끝나고 프랑스로 망명했던 찰스 2세를 다시 왕으로 모셔 와 입헌 군주제로 돌아가게 됩니다. 입헌 군주제는 세습되는 왕이 헌법에서 정한 제한된 권력을 가지고 통치하는 제도로 첫 번째 자녀가 왕위를 계승합니다. 영국은 프랑스와 다르게 전통적으로 여성도 왕위를 물려받을 수 있었습니다.

찰스 2세가 죽은 후 아들인 제임스 1세가 즉위했는데 가톨릭 신자였기 때문에 귀족들은 영국이 다시 가톨릭 국가로 돌아가는 것을 막기 위해 왕을 제거하고자 했습니다. 그래서 일부 귀족들은 신교도이자 네덜란드에 시집 간 메리 2세를 남편과 함께 모시고 와 공동 왕으로 즉위시킵니다. 이에 반대를 했던 귀족 세력들은 어쩔 수 없이 따르기는 했지만, 마음에 들지 않았습니다. 그래서 정치적으로 뜻을 같이하는 귀족들이 모여 '토리'라는 정당을 만듦니다. 새로운 왕을 모시고 온 세력은 '휘그'라는 정당의 이름을 사용하기 시작했습니다.

제임스 1세를 왕에서 몰아내고 새로운 왕을 세웠지만 피를 한 방울도 흘리지 않고 성공했다고 해서 명예로운 혁명, 즉 '명예혁명'이라고 부릅니다. 휘그당 중심인 의회에서는 왕의 권한을 대폭 줄여 세금과 전쟁 같은 결정은 의회가 책임지고, 왕은 보고만 받도록 했습니다. 현대적인 입헌 군주제가 만들어지기 시작한 것이지요.

토리당과 휘그당은 양당제의 효시

현재 존재하는 민주주의의 뿌리를 우리는 영국에서 찾습니다. 영국이 민주주의를 발전시킬 수 있었던 몇 가지 핵심 이유를 정리해 봅시다.

먼저 영국 민주주의의 뿌리는 의회의 발전에서 찾을 수 있습니다. 상원과 하원으로 구성된 의회는 왕의 통치를 견제하는 기능을 갖고 있었습니다. 영국의 의회주의는 내각 중심제의 중요한 근거를 제공해 주었습니다.

그리고 토리와 휘그는 양당제의 효시로 받아들여지고 있습니다. 견제와 균형이라고 하는 민주주의의 통치 방식은 정당 간의 상호 견제와 경쟁 관계에서 발전되었다고 볼 수 있습니다. 영국이 현재까지 유지하고 있는 보수당과 노동당의 양당제 뿌리를 캐고 들어가 보면 바로 1700년대에 시작된 토리와 휘그의 경쟁 관계 속에서 시작되었음을 발견할 수 있습니다. 이들은 여당으로 정권을 이끌기도 하고, 야당으로 정권을 견제하기도 하면서 정치를 더욱 발전시켰습니다.

결국 영국의 정치사는 오랜 시간 동안 1인 혹은 소수 통치에 대한 저항, 권력의 견제, 제동 그리고 다원화를 통해 이루어졌습니다. 300년 이상의 시간 동안 서서히 발전되어 온 것이지요. 민주주의는 그냥 주어지는 것이 아닙니다. 제도가 만들어져야 하고, 그런 제도를 운영할 수 있는 의식 수준도 함께 올라가야 제대로 통치될 수 있습니다. 영국 민주주의 역사가 세계 여러 나라의 민주주의 정치에 중요한 발판을 제공했다는 점에서 좀 더 관심을 가지고 들여다볼 필요가 있습니다.

민주주의가 실패하지 않으려면?

민주적 정치 체제가 잘 지탱되려면 국민이 뽑은 대표들은 자신들에게 주어진 역할에 충실해야만 합니다. 그렇지 않을 경우 국민의 불만과 불신이 높아져 결국 정부는 통치할 수 있는 요건인 정당성을 잃게 됩니다. 그러면 혁명이나 쿠데타가 일어날 수 있겠지요.

민주주의 제도는 세 가지가 잘 이루어지지 않으면 실패할 수 있는 정치 체제입니다.

첫째, 질서와 규칙이 잘 지켜져야 합니다. 질서는 정치 질서와 경제 질서 그리고 사회 질서를 모두 포함하는 개념입니다. 정치 질서는 헌법에서 보장된 임기 동안 정부가 통치를 할 수 있어야 합니다. 이 기간 동안 정부가 제출한 예산안이 국회에서 심의가 이루어져 세금이 약속한 대로 쓰여야 합니다. 그런데 국회에서 정부 예산안을 통과시켜 주지 않으면 정부는 공무원 봉급을 줄 수 없는 사태가 발생합니다. 그렇게 되면 정부의 행정 기능은 마비됩니다. 야당이 과반수를 점하고 있으면 정부는 야당과 합의를 통해 야당이 원하는 정책도 반영해 예산안을 짜야 합니다. 만약 정부 여당이 국회에서 다수라고 하더라도 일방적으로 예산안을 통과시키면 안 되겠지요.

정부가 하는 일과 국회에서 하는 일은 헌법과 정부 조직법, 국회법 등에 상세히 나와 있고 그 테두리 속에서 이루어지게 됩니다. 이를 우리는 '법치 국가'라고 합니다. 공적인 권력 활동은 국민으로부터 나온다고 헌법에 명시되어 있습니다. 공적인 권력 활동을 제대로 하지 않으면 정부와 정치인은 국민으로부터 신뢰를 받지 못하고, 점점 불만이 쌓여 가게 됩니다.

둘째, 경제적 활동이 안정되고 좋은 결과를 산출해 내야 합니다. 좋은 일자리 창출을 위해서는 중앙은행을 중심으로 재정 및 화폐 정책이 원활하게 돌아가야 합니다. 시중 금리를 잘 관리해 기업과 가계가 활동하는 데 부담이 없도록 해야 하지요. 그래야 경제가 제대로 돌아갈 수 있습니다.

기업의 경우 물건을 생산해 국내에 판매하고, 해외에 수출도 해야 합니다. 그래야 이윤을 남겨 노동자들의 봉급과 복리 등에 사용할 수 있습니다. 정부가 적극적으로 형평성 있는 임금 정책을 펴고, 노사 간 협의를 잘할 수 있도록 대화와 조정 등의 역할도 잘 해내야 합니다. 한쪽에 치우치면 시장의 공정한 활동에 부담을 줄 수가 있습니다.

정부는 세금으로 다양한 활동을 하게 됩니다. 공항과 항만, 철도 건설 등 대형 사업을 벌이기도 합니다. 국방에 필요한 무기를 구입하기도 하고, 우주 개발을 위해 과학과 기술에 투자하기도 합니다. 이때 천문학적인 돈을 사용하게 되지요. 물품의 구입이나 사업자 선정을 위해 입찰 제도라는 것을 사용하는데, 공정하게 이루어지지 않으면 엄청난 세금의 손실과 부패가 활개를 치게 됩니다. 경제가 제대로 돌아갈 수가 없지요.

과반수의 지지가 필요해

　마지막으로 민주주의 통치는 정책 결정을 위해 과반수의 지지를 필수로 합니다. 과반수가 지지해 주지 않을 경우 근본적으로 통치의 동력을 상실하게 됩니다. 결국 소수가 다수를 통치하는 결과가 되기 때문입니다. 과반수가 선거에 참여하지 않았거나, 선거 결과에서 과반수를 획득하지 않은 대통령이나 국회의 경우 정치적 기반은 매우 취약합니다. 타협과 협의 그리고 합의를 이끌어 내지 못하면 정부 예산안도 통과하기 힘들고, 정치는 힘을 잃게 됩니다. 그래서 민주주의는 과반수를 얻어 통치를 하거나 아니면 국회에서 협의를 통해 과반수의 지지를 획득해야 합니다. 이를 '과반수의 통치'라고 합니다.

　민주주의 제도는 세 가지가 충족되지 않으면 언제든 통치의 기반을 잃고, 정당성을 잃을 수 있습니다. 하지만 선거라는 제도를 통해 지속적으로 정권을 교체할 수 있기 때문에 쉽게 붕괴되지 않고 새롭게 역동적으로 작동할 수 있게 됩니다.

15

경제가 발전하면 민주주의도 확산될까?

권위주의 체제는 언제 민주주의 체제로 발전될 수 있을까요? 경제가 발전하면 민주주의도 확산된다고 주장하는 학자들이 있습니다. 경제 발전이 어떻게 민주주의로 이어지는지 그 과정을 살펴보아요.

경제가 발전하면 여러 가지 사회 변화가 일어납니다. 사람들의 생활이 윤택해져서 소비 수준이 높아지고, 예전보다 더 나은 삶을 추구하게 됩니다. 특히 교육에 더욱 많은 관심을 갖게 됩니다. 부모들은 자녀들이 더 좋은 교육을 받게 하려고 투자를 아끼지 않습니다. 국가는 학교 시설을 좋게 하고, 의무 교육을 실시하며, 교사의 수준을 높여 학생들이 더 좋은 교육을 받을 수 있는 환경을 만듭니다.

그 결과 회사에 능력 있는 노동자가 들어가 일하기 때문에 노동 생산성이 높게 나타나고, 회사는 기술력과 지식수준이 높은 산업에 투자를 하게 됩니다. 좋은 일자리는 결과적으로 높은 임금과 서비스를 수반하기 때문에 생활의 질도 개선되는 효과를 볼 수 있지요. 이제 국민들은 정치에 더욱 관심을 갖게 되고, 정치의 다양화를 요구하게 됩니다.

면직물 공업에서 출발한 산업 혁명은 시간이 지나면서 점차 고도화되어 가는 공산품을 생산하게 되었습니다. 교육의 향상, 도시화, 산업화는 동시에 진행이 되어 이 같은 변화는 결국 삶의 수준 향상뿐 아니라 의식 수준의 향상으로도 연결되었습니다. 그 결과 민주화의 욕구가 강하게 생겨나고 정치 개혁에 대한 압력을 가하게 됩니다.

경제가 발전하기 전에는 대다수의 사람들이 농지를 기반으로 한 사회의 구성원이었고 가족 중심의 전통 사회적 가치가 주류를 이뤘습니다. 수직적 관계가 유지되기 쉬운 사회였지요. 그런데 산업화와 도시화가 이루어지면서 사회관계는 이전의 혈연과 지연보다는 계약 관계를 중심으로 발전하게 됩니다.

또 일도 분화되고 전문화되었지요. 농촌에서는 한 사람이 경작하는 행위 전체를 해야 했습니다. 씨를 뿌리고, 모를 심고, 물을 관리하고, 김을 매고, 수확하는 전 과정을 알아야 했습니다. 그런데 공장에서는 일이 전문화되고 분업화되기 시작했습니다. 계약에 따라 내 역할만 잘 수행하면 되기 때문에 누구의 통제도 상대적으로 덜 받게 됩니다. 기술이 더 좋아지고, 숙련이 되면 더 많은 월급을 주는 곳으로 옮겨 갈 수 있게 되었지요.

> ❝ 삶의 질이 좋아지면
> 민주화의 욕구가 발생해 ❞

농촌 사회를 게마인샤프트, 산업 사회를 게젤샤프트로 소개한 퇴니에스는 사회는 혈연, 지연, 학연 등의 전통적 수직 사회에서 수평적 계약 사회로 변화된다고 보았습니다. 수평적 계약 관계에서는 독재 국가에서 민주주의로 변화할 수 있는 가능성이 더욱 커진다고 보았습니다. 왜냐하면 농업을 중심으로 하는 1차 산업 사회에서는 통제와 압제의 수직적 관계가 사회를 지탱하는 수단이었다면, 상업과 서비스업 등이 활발한 3차 산업 사회에서는 수평적 관계를 통해 다양한 정치적 욕구와 변화에 대한 열망이 강하게 나타날 수 있다고 본 것이지요.

정치학자 립셋을 중심으로 한 발전론자들은 도시화와 산업화 그리고 교육의 향상을 통해 의식이 높아진 중산층이 획일적 독재 국가에 대항하는 세력으로 성장한다고 보았습니다. 하지만 이같은 논리만으로는 설명하기 쉽지 않은 부분도 많이 있지요. 싱가포르와 중국의 경우 산업화와 도시화 그리고 중산층의 증가가 반드시 민주화로 연결되지 않았기 때문에 발전론자들의 설명은 힘을 잃게 됩니다. 무엇이 민주주의를 확산시키는지에 대한 좀 더 깊이 있고 폭넓은 고민을 해 볼 수 있기를 바랍니다.

4장

세계로 떠나는 민주주의 여행

16

유럽의 민주주의는 어떻게 다를까?

방학이 되어 민서는 엄마와 함께 유럽 배낭여행을 떠났습니다. 처음으로 엄마와 둘이 떠나는 여행이라 더 설레고 뜻깊은 여행이었지요. 영국, 프랑스, 독일을 기차를 타고 돌아보는 2주간의 일정이었습니다. 이 기간 동안 세 나라의 민주주의 형태를 살펴보는 것이 여행의 주요 목적이었지요.

첫 여행지는 영국이었습니다. 영국 박물관에 소장된 전시물을 보면서 영국인들이 세계를 지배한 역사를 확인해 볼 수 있었습니다. 영국에는 아직도 왕이 있지만, 수상이 통치하는 나라입니다. 이를 입헌 군주국이라고 하지요. 왕은 전통적으로 해 왔던 의회 개회식, 수상 임명식, 외교적 역할 등을 가지고 있지만 실질적으로는 하원에서 다수 의석을 차지한 정당에서 수상직을 수행합니다.

템스강 가에서 의회가 있는 국회 의사당을 보는 것은 멋진 경험이었습니다. 영국의 수상은 1721년에 처음으로 로버트 월폴이 임명된 후 지금까지 54명이 배출됐다는 것도 이곳에서 알게 되었습니다. 또 세계에서 가장 오래된 민주주의 국가라는 것도 배웠습니다. 국민이 직접 뽑은 의원들이 의회에서 수상을 선출하기 때문에 간접적 수상 임명제를 가지고 있습니다.

도버 해협 해저 터널을 기차로 건너 프랑스 여행을 시작했습니다. 파리의 상징 에펠탑과 1600년대 지어진 시가지 건물과 도로, 다리들은 환상적인 풍경이었습니다. 프랑스 하면 베르사유 궁전을 빼놓을 수가 없지요. 1600년대 말 루이 14세 때에 지어진 이 건물은 왕들이 사용하던 궁전이었지만 지금은 박물관으로 사용되고 있습니다.

루이 14세는 "짐이 곧 국가다"라는 말을 할 정도로 권력이 막강했지요. 우리는 이런 제도를 절대 군주제라고 부릅니다. 왕의 말이 곧 법이었기 때문에 누구도 거역할 수 없었습니다. 전쟁을 위해 세금을 많이 거둬들이는 것도 왕이 마음대로 결정할 수 있었습니다.

이렇게 절대 권력을 행사하던 루이 14세가 죽고 그의 아들 루이 15세, 손자인 루이 16세가 통치하면서 시민들의 불만은 점점 더 커져 갔습니다. 영국과 전쟁을 벌이기 위해 세금을 더 올리려고 하는 왕의 뜻을 따르지 않고 시민들은 왕궁과 정치범이 투옥되어 있던 바스티유 감옥을 공격했지요. 이를 우리는 '프랑스 혁명'이라고 부릅니다.

프랑스 혁명으로 루이 16세는 결국 사형되었고, 공화정이 들어섰습니다. 공화정은 직접 시민이 뽑은 정부가 있는 제도를 가리킵니다. 1793년 프랑스는 세계에서 두 번째로 공화정을 선포합니다. 미국이 1789년에 국민의 손으로 대통령을 뽑은 첫 번째 공화정이지요.

나폴레옹 때 지은 개선문에서는 프랑스 제국의 위용을 볼 수 있었습니다. 제국은 황제가 통치하는 형태를 가리킵니다. 프랑스는 1800년대 나폴레옹 황제 시대 이후 다시 왕이 통치하는 왕정 시대와 황제가 통치하는 제국 시대를 거쳐 결국 대통령이 국가의 원수이자 정부의 수반인 공화정으로 바뀌어 지금까지 유지되고 있습니다. 대통령제를 중심으로 하고, 행정부의 기능을 총지휘하는 총리도 있어 우리는 이를 준대통령제라고 부릅니다. 지금 프랑스 대통령은 예전에 궁전으로 사용하던 엘리제궁에서 살고 있습니다. 우리의 청와대라고 할 수 있지요.

대통령과
수상 중
누가 더
셀까?

기차를 타고 독일이 있는 북쪽으로 떠납니다. 독일 하면 뭐가 떠오르나요? 민서는 히틀러의 유대인 대학살, 서독과 동독으로 나뉘어 있다가 통일된 나라, 난민을 많이 받아들인 나라가 생각났습니다. 이제 독일을 여행하면서 민주주의를 살펴볼까요?

독일의 수도는 베를린입니다. 독일이 동서로 나뉘어 있던 시절 서독의 수도는 본이었는데, 동독과 서독이 통일되고 나서 수도를 다시 원래대로 베를린으로 옮겨 왔습니다. 1990년 10월 3일, 베를린의 브란덴부르크 문 앞에 수많은 독일인들이 모여 통일을 축하했다고 합니다. 옛 프로이센 왕국의 위엄을 가지고 있는 브란덴부르크 문 근처에 조금 남아 있는 베를린 장벽을 보면서 우리나라의 통일도 꼭 이루어지기를 기대해 봅니다.

근처에 있는 독일 의회 건물은 통일 후 새롭게 지어졌지만 내부에는 옛 의회의 건물이 남아 있었습니다. 독일도 1918년까지는 황제가 통치하는 독일 제국을 유지해 왔지만, 1차 세계 대전에서 패한 뒤 바이마르 공화국이라는 민주주의 국가를 탄생시켰습니다. 그런데 대통령에게 의회를 해산할 수 있는 너무 큰 권력이 주어졌습니다. 의회가 분열되고 힘이 없어 혼란이 지속되자 결국 히틀러가 정권을 장악했습니다.

2차 세계 대전은 1939년 9월 1일 히틀러가 이웃 국가인 폴란드를 침공하면서 시작되었지요. 인류 역사상 가장 많은 인명 피해를 낸 참혹한 전쟁이었습니다. 1945년 8월 15일 전쟁이 끝나고 독일에는 왕이 통치하는 입헌 군주제가 아니라 국민이 정부를 구성하는 공화정이 자리를 잡았습니다. 대통령은 의회에서 뽑지만 영국의 왕처럼 정치적 힘은 없고 외교관 신임장 등을 주는 외교적 역할만 있고, 실질적 권력은 총리에게 있습니다. 하원에서 다수 의석을 가진 정당이 총리를 배출합니다. 독일은 민주주의 경험이 짧지만 지금 세계에서 가장 안정적인 정치 체제를 이루고 있으며, 경제도 매우 튼튼하게 발전하고 있지요.

독일은 총리가 통치하지만 대통령이 있는 공화정

2주 동안의 유럽 여행에서 민서는 아주 특별한 경험을 했습니다. 세 개의 민주주의 국가를 체험했지만 왜 이렇게 다를까 생각하게 되었지요. 영국은 왕이 있는 입헌 군주제 국가로 수상이 통치합니다. 프랑스는 대통령이 통치하지만 총리가 있는 공화정입니다. 독일은 총리가 통치하지만 형식적인 대통령이 있는 공화정입니다. 하지만 세 나라는 공통적으로 양원제 의회를 가지고 있었습니다. 그런데 영국의 상원은 왕이 임명을 하고 한 번 임명되면 종신제이지만, 프랑스와 독일은 각 지역 대표들이 선출하는 간선제였습니다.

비슷하면서도 너무나 다른 세 나라의 민주주의 형태를 이해하는 것은 쉬운 일이 아니었습니다. 여행을 통해서 민서는 민주주의 제도는 너무 다양해 더 깊이 있는 공부를 해 봐야겠다는 다짐을 하게 되었지요.

파도타기에서 떨어진 나라들이 많다고?

여러분은 파도타기를 해 보셨나요? 흔히 서핑이라고 하는 이 스포츠는 서프보드에 올라타 양손으로 균형을 잡으며 파도의 움직임에 따라 해안가까지 가는 흥미진진한 운동입니다. 우리나라 해안가에는 집채만 한 파도가 없어 이 스포츠가 인기를 크게 끌지 못하고 있지요.

높은 파도는 솟구쳐 올랐다가 엄청난 힘으로 떨어지기 때문에 파도를 타다가 심한 경우에는 다치거나 생명이 위험할 수도 있습니다. 이러한 파도의 자연적 현상을 민주주의의 발전 형태에 적용한 사람이 있습니다. 바로 미국의 정치학자 헌팅턴입니다. 헌팅턴은 민주주의가 파도가 솟구쳐 올라가는 것처럼 지속적으로 발전하다가 파도가 아래로 떨어지는 것처럼 쇠퇴하거나 실패하는 모습을 하고 있다고 했지요.

헌팅턴은 1828년을 전후해 본격적으로 민주주의가 시작된 32개 국가들을 비교 연구해 보니 3개국을 제외하고는 모두 파도타기를 하고 있었다고 말합니다.

1830년대에 시작된 자유화 파도를 타고 민주주의를 도입했던 남아메리카의 아르헨티나, 칠레, 콜롬비아 그리고 우루과이 등은 군사 쿠데타 등으로 정권이 수시로 붕괴되었고, 그때마다 헌법이 새로 만들어졌습니다. 파도타기에서 떨어진 것이지요. 덴마크, 네덜란드, 벨기에, 룩셈부르크 등도 민주주의가 1840년대부터 시작되었지만, 2차 세계 대전 때 강대국 독일로부터 침략당하면서 주권을 잃고 헌정이 중단된 경험이 있습니다. 일본도 1890년에 서유럽식 헌법을 기초로 한 입헌 군주제를 도입했지만 2차 세계 대전 기간 동안 군부가 정치를 장악해 헌정이 중단되었고, 전쟁이 끝난 이후 미국이 점령해 새로운 평화 헌법을 만들었지요. 모두 파도타기에서 실패한 경우입니다.

파도 민주주의가 있다고?

이렇듯 많은 나라들이 민주주의를 파도 타듯 시도했지만, 실패한 이유는 다양합니다. 그러면 먼저 파도타기에서 성공한 국가들을 살펴볼까요? 성공한 국가들은 강력한 의회주의 전통이 있었고, 의회 내에서 활동하는 정당이 일찍부터 발전했습니다. 수상이나 대통령이 정부의 수반으로 행정부를 이끌면서 정치를 주도했고, 안정적으로 경제를 발전시켰으며, 군부를 효과적으로 통제했습니다. 그리고 외국의 침략에 대비하여 국방과 외교 정책을 잘

제3의 물결 민주주의가 정치 형태로 채용되는 시기에는 일정한 물결이 있다. 20세기를 살펴보면 1차 세계 대전 후 라틴 아메리카에서 민주주의가 증가하였다. 2차 세계 대전 후 아시아·아프리카에서 민주주의가 발생하였다. 그 수는 각각 10에서 20 정도였다. 그런데 20세기 후반 25년 동안 전 세계적으로 60~80개국이 민주화된 것으로 집계됐다. 헌팅턴 교수는 이것을 제3의 물결이라고 정의했다.

운용해 민주적 헌법을 지속적으로 발전시켰습니다.

하지만 파도타기에서 떨어진 국가들은 공통적으로 군부를 통제하지 못했거나, 국가의 개혁이 이루어지지 못해 부패가 심했습니다. 그런데 덴마크, 네덜란드, 벨기에와 같은 국가들은 민주주의는 잘 작동되었지만 국방이 튼튼하지 못해 결국 주권을 빼앗겨 헌법이 중단된 경우입니다.

헌팅턴에 따르면 우리나라와 같은 신흥 국가들은 제3의 파

도를 타고 파도타기 중에 있습니다. 그런데 우리나라는 벌써 몇 번이나 파도타기에 실패를 했지요. 앞으로 어떻게 파도타기를 해야 우리나라가 헌정의 중단 없이 잘 작동하는 민주주의를 유지할 수 있을까요? 여러분이 좀 더 깊이 있게 고민해 보기 바랍니다.

파도타기에서 성공한 세 나라는?

많은 나라들이 민주주의 파도타기에서 실패한 것은 참 안타까운 일입니다. 그런데 헌팅턴이 연구한 32개 국가들 중에서 세 나라는 파도타기에서 성공했다고 합니다. 어떤 나라들인지 정말 궁금하지요?

파도타기에서 성공한 첫 번째 국가는 영국입니다. 영국은 세계 최초로 입헌 군주제를 도입한 국가입니다. 입헌 군주제는 헌법에 의거해 왕이 형식적으로 존재하지만 의회가 실질적 권력을 갖는 정치 체제입니다. 영국의 경우는 성문 헌법(형식을 갖춰 문자로 기록된 헌법)이 없고, 역사적 판례(판결된 근거와 내용)와 서약(왕과 귀족 등이 서명하고 날인한 약속) 등이 헌법으로 받아들여지고 있습니다. 1215년에 서약한 마그나 카르타, 1628년의 권리 청원, 1689년의 권리 장전 등이 헌법의 기초로 받아들여집니다.

입헌 군주국인 영국에서는 왕이 갖고 있던 통치권 중 조세권과 법률 제정권이 의회로 넘어갔습니다. 직접 투표를 통해 뽑힌 의원들이 하원에서 수상을 선출하면 왕이 임명하는 절차를 거쳤지요. 영국에는 강력한 의회가 있어 왕을 견제할 수 있었습니다. 또한 의회 내에 강력한 두 개의 정당이 있어 서로 권력을 견제하고 경쟁하는 체제가 갖춰졌습니다. 토리당과 휘그당은 1688년부터 시작해 서로 경쟁하다가 토리당은 보수당, 휘그당은 자유당으로 발전되었지요. 보수당은 지금까지 활동하고 있고, 현재 자유당 대신 노동당이 있습니다.

영국, 미국, 스웨덴은 헌법이 중단된 적이 없어

두 번째 국가는 미국입니다. 미국은 1776년 영국으로부터 독립을 했지요. 영국은 미국에서 내는 세금으로 군인과 고위 공직자 그리고 공무원의 봉급을 충당하려고 했습니다. 영국 의회에 대표를 내세울 수 없었던 당시 미국인들은 "대표 없이 세금 없다"라는 구호로 독립을 선언하고 6년의 전쟁 끝에 결국 독립을 이뤄 냈습니다.

독립 후 13개 주 대표가 모여 1787년 헌법 초안을 승인했습니다. 세계 최초의 성문 헌법이 완성된 것입니다. 그리고 2년 후 이 헌법에 따라 선거를 실시하여 조지 워싱턴이 첫 번째 대통령으로 선출됐습니다. 이후 4년마다 한 번씩 대통령 선거를 치렀고, 선거를 통해 연방 의회 의원을 뽑았습니다. 또한 각 주마다 주지사를 국민의 손으로 선출했습니다.

미국은 흑인 해방 문제를 놓고 전쟁을 치른 남북 전쟁(1861~1865) 시기에도 대통령 선거를 중단하지 않았습니다. 그 전통은 지금까지 한 번도 깨지지 않고 유지되어 옵니다. 한 번도 국민 혁명이나 군사 쿠데타 등으로 헌법이 중단된 적이 없기 때문이지요.

세 번째 국가는 스웨덴입니다. 스웨덴에도 영국처럼 왕이 있지만 실질적 힘은 의회가 가지고 있습니다. 1809년에 의회가 법률 제정권과 조세권을 가져간 이후 한 번도 왕이 의회의 권력에 도전하지 않았습니다. 1866년 양원제가 채택되고 1876년 수상제가 도입되면서 의회와 정부의 권력 분점이 이루어졌지요. 정당 체제도 보수당과 자유당으로 시작했으나 사민당이 등장해 3개 정당이 되었다가 농민당과 공산당이 등장해 5개 정당 체제로 1988년까지 지속되었습니다.

스웨덴은 세계에서 복지 제도가 잘 갖춰진 국가로 유명합니다. 1932년부터 1976년까지 44년 동안 사민당이 장기 집권하면서 복지 제도를 효율적으로 운영하였습니다. 헌법은 한 번도 중단된 일이 없었지요.

민주화된 36개 국가 중 30개 국가가 실패했다고?

성공

실패

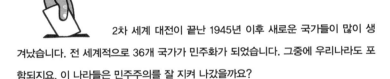

2차 세계 대전이 끝난 1945년 이후 새로운 국가들이 많이 생겨났습니다. 전 세계적으로 36개 국가가 민주화가 되었습니다. 그중에 우리나라도 포함되지요. 이 나라들은 민주주의를 잘 지켜 나갔을까요?

1945년에서 20년이 채 지나지 않은 1962년, 30개 국가가 민주화에 실패하고 1인 독재 체제로 전락했습니다. 우리나라도 첫 민주화 실험에 실패해 1987년까지 독재 국가라는 오명을 썼습니다.

이와 반대로 2차 세계 대전 이후 다시 민주 체제로 복귀한 덴마크, 네덜란드, 벨기에, 독일, 프랑스, 이탈리아, 일본 등의 국가들은 민주주의가 더욱 성숙해 가면서 경제가 발전했고, 생활 수준이 높아져 살기 좋은 나라로 자리를 잡았습니다. 1820년대 이후 일찍부터 민주주의가 뿌리를 내린 영국, 미국, 스웨덴도 지속적으로 민주주의가 발전해 세계를 선도하고 있습니다.

한 가지 구분해야 할 점은 민주주의가 성숙하고 발전했다고 하더라도 나라마다 평등과 자유 그리고 정의라는 가치를 모두 충족시킬 만큼 완전한 민주주의를 이뤘다는 이야기는 아닙니다. 민주주의는 다원주의 체제 속에서 다양한 선택과 기회를 제공해 주는 정치 과정으로, 계속해서 사회적 변화에 대처해 나가는 제도이지 100점 만점으로 평가되는 정체된 제도가 아니라는 점입니다.

여기서 우리는 의문을 갖게 됩니다. "새롭게 민주주의를 시도

했던 36개 국가 중에서 30개 국가가 왜 실패했을까? 그리고 서유럽 국가들은 어떻게 민주주의를 안정적으로 발전시켜 나갈 수 있었을까?"

민주화를 연구한 많은 학자들은 몇 가지 원인에서 그 차이점을 찾아냈습니다. 실패한 국가들의 공통점으로 우선 지도부의 부패와 권력 투쟁을 들 수 있습니다. 실패한 국가에서는 공통적으로 무능하고 부패한 정치인이 있었다면, 성공한 국가에서는 투명하고 책임 있는 정치인들이 정치를 이끌었습니다.

또 다른 원인으로 경제 정책의 실패를 들 수 있습니다. 경제 성장이 이루어지더라도 물가가 너무 갑자기 오르거나, 주택 가격 등이 폭등해 부의 편중이 너무 빠르게 진행되면 서민들은 생활 수준이 오른다 해도 물가 때문에 살기가 힘들어집니다. 이와 같은 현상을 우리는 상대적 가치 박탈이라고 부릅니다. 상대적 가치 박탈은 결국 사회 구성원들을 반으로 나누고 갈등을 증폭시킵니다. 대규모 집회와 저항 운동 등이 생겨나게 되고 사회는 불안해지지요.

민주주의가 안정적으로 발전되는 나라들을 보면 물가 안정을 가장 중요한 정책 순위로 놓고 급격한 변화가 오지 않도록 노력하는 모습을 발견할 수 있습니다. 각국의 중앙은행은 물가 안정을 위한 중심적 역할을 하고 있고, 중앙 정부로부터 독립성을 인정받아 자율적으로 활동해야 합니다. 그런데 민주화에 실패한 국가들은 중앙 정부가 모든 정부 기관을 통제하고 조종하려고 했기 때문에 시장 변화에 능동적으로 대처하지 못했고 물가 정책에도 실패하게 되지요.

　마지막으로 대다수 국민들이 민주주의 체제에 대한 불신을 갖게 됩니다. 민주주의가 자유를 가져다주긴 했지만 삶의 질을 크게 바꿔 줄 수 없다고 생각하게 되면서 체제에 대한 불신은 더 커지게 되는 거지요. 대통령과 국회 의원 그리고 고위 행정직의 특권이 그대로 남아 있지만 개혁의 모습이 보이지 않을 때 체제 불신은 학생 운동, 여성 운동, 노동자 운동 등으로 번져 나가게 됩니다.

우리나라는 독재 국가였지만 결국 민주주의를 이뤘어

　이러한 운동이 확산되어 사회가 불안해지면 국방에 전념해야 할 군 장교들이나 소수 과격 세력들이 쿠데타나 무장 공격 등으로 정권을 잡으려고 시도하게 되지요. 리비아의 카다피, 우간다의 이디 아민, 칠레의 피노체트 등이 대표적인 인물입니다.

　그런데 여기서 중요한 한 가지 차이를 발견할 수 있습니다. 아프리카와 남아메리카 국가들의 민주화 실패는 아시아의 경험과 다른 모습을 보여 주고 있습니다. 아프리카와 남아메리카 국가들은 경제 발전이 진행되지 않으면서 빈부 격차가 심해지고, 부패가 만연해 불만과 불신이 커져 결국 새로운 폭력 세력이 끊임없이 등장해 민주주의의 발전을 가로막은 상황이었습니다. 반면에 아시아의 네 마리 용이라고 불렸던 한국, 대만, 홍콩, 싱가포르는 정치적 자유와 체제 비판 등은 철저하게 차단했지만, 경제 성장을 빠르게 이루어 내고 국가를 발전시켰다는 점입니다.

홍콩은 영국의 통치 하에 있을 때 자유로운 언론과 선거가 허용되었던 터라 중국에 반환된 지금도 자유의 목소리를 강하게 내고 있습니다. 싱가포르는 정치적 자유를 제외한 경제 지표, 부패 지표, 신뢰 지표 등이 매우 높게 나타나고 있는 나라입니다. 한국과 대만은 결국 민주주의를 이뤄 지금은 성공한 자유 민주주의 국가로 세계가 주목하고 있습니다.

민주화에 실패했던 국가들 간에도 차이가 나타나지요. 우리는 정치 발전과 사회 현상이 변화되어 가는 과정에서 비슷한 점과 다른 점을 비교해 보면서 이해의 깊이와 폭을 넓혀 가고 있습니다. 이것을 이론화 작업이라고 해요. 여러분도 경제 성장과 민주주의의 관계에 대해 조금 더 관심을 가지고 친구들과 논의해 보기를 바랍니다.

회장 선거에서 과반수의 지지를 받으려면?

★회장 선거★

A후보 正正正下

B후보 正正丅

30명이 있는 학급에서 회장을 뽑는데 후보 세 명이 나섰습니다. 1차 투표에서 1등을 하는 후보자를 선출하기로 결정했다면, A후보가 8표, B후보가 10표, 그리고 C후보가 12표를 얻었을 때 12표를 얻은 C후보자가 당선됩니다.

문제는 A후보와 B후보가 얻은 표의 합은 18표가 되어 C후보가 얻은 12표보다 훨씬 크다는 겁니다. 승리한 C당선자는 소수의 득표로 선거에서 승리를 했기 때문에 학급 소수의 대표에 불과합니다. 이를 가리켜 소수의 반란, 혹은 소수의 독재라고도 합니다.

그런데 처음부터 과반수를 얻은 사람을 뽑기로 했다면 어떻게 될까요? 위의 사례를 적용한다면, 1차 투표에서는 당선자가 결정되지 않습니다. 이 경우 가장 적은 표를 얻은 A후보를 제외하고 B와 C후보만 2차 투표에 참여할 기회를 갖게 됩니다.

이때 B와 C후보는 1차 투표에서 탈락한 A후보에게 투표한 사람들의 표를 얻고 싶겠지요? A후보를 전략적 동반자로 삼기 위해 물밑 경쟁을 하던가, A후보가 중립을 지키고자 할 경우 A후보가 주장했던 내용을 대폭 수용해 당선되면 반영하겠다는 뜻을 전하려 할 겁니다. 그래야 1차 투표에서 A후보에게 표를 던진 유권자들의 표를 가져갈 수 있기 때문이지요.

이 경우 재미있는 것은 1차 투표에서 2위를 차지한 B후보도 A후보의 표를 더 많이 가져올 수 있다면 2차 투표에서 승리할 수 있다는 점입니다. 1차 투표에서 1등을 한 C후보도 방심하지 않고 끝까지 노력할 것이기 때문에서 경쟁은 엄청 과열될 수 있습니다. 그래서 2차 투표의 문제점은 1차 투표와 2차 투표를 거치는 동안 반 친구들 간에 서로 분열되고 거리감이 커져 서로 미워하게 될 수 있다는 것입니다. 학급 회장을 뽑는 것이 아닌 한 나라의 대통령을 2차 결선 투표로 뽑는 경우에는 국민 간의 분열과 갈등이 심각하게 진행될 수 있습니다.

　다수결 원칙은 가장 많은 인원이 가장 큰 만족을 얻게 하기 위해 제러미 벤담이라는 영국 철학자가 고안해 낸 제도입니다. '최대 다수의 최대 행복'이라고 알려져 있는 이 이론을 우리는 공리주의라고 부릅니다. 공리주의 철학은 민주주의적 통치자의 합법성을 갖추게 하기 위해 고안되었습니다.

　민주주의 이전에 존재한 통치 제도는 이미 이야기한 대로 절대 군주제였습니다. 한 사람의 결정대로 정치를 하기 때문에 비민주적이었지요. 그래서 프랑스 혁명에서 통치권은 국민에게 있다고 하면서 왕에게 반기를 들었습니다. 하지만 왕이 처형되었다고 해서 바로 민주주의가 되는 것은 아니지요. 또 다른 독재자가 나와서 왕처럼 군림하거나 아주 적은 소수에 의해 통치되는 것이 문

공리주의 어떤 행위의 옳고 그름은 그 행위가 인간의 이익과 행복을 늘리는 데 얼마나 기여하는가 하는 유용성과 결과에 따라 결정된다고 보는 사회사상이다. 공리주의는 19세기 영국에서 벤담, 제임스 밀, 존 스튜어트 밀 등을 중심으로 전개되었다.

제였습니다.

벤담은 가장 큰 행복을 이끄는 통치는 모두가 지지하는 사람이 통치하는 것이지만 전체주의가 아닌 다음에야 만장일치제는 불가능하다고 보았습니다. 그래서 최대 다수가 지지하는 자가 통치하는 공리주의 이론을 고안해 냈습니다. 이때부터 유럽 민주주의는 다수결 원칙이 가장 중요한 권력 습득 방법으로 채택된 것이지요.

하지만 다수결 주의는 다수에게 진 소수에 대한 차별과 위협이 문제가 됩니다. 선거에 진 사람들을 납치해 감옥에 가두거나, 고문 혹은 사형에 처한다면 민주주의는 제대로 작동될 수가 없겠지요. 이런 경우 우리는 다수의 독재라고 부르고 있습니다.

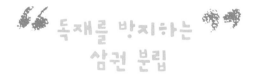

독재를 방지하는
삼권 분립

다수의 독재 문제를 고민한 존 스튜어트 밀이라는 영국 철학자는 다수의 독재를 방지하기 위해 소수의 보호가 반드시 전제되어야 한다고 말했습니다. 그렇지 않으면 민주주의는 실패할 수밖에 없다고 보았지요. 밀의 철학이 가장 잘 반영된 것이 바로 삼권 분립론과 소수자 보호법 같은 것입니다. 삼권 분립론은 몽테스키외라는 프랑스 철학자가 주장한 내용으로, 미국의 헌법에서 가장

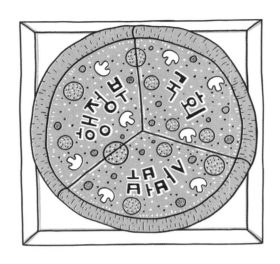

잘 반영되어 있습니다.

　우리나라도 삼권 분립에 의해 대통령의 행정부와 국회, 그리고 사법부의 독립 등이 헌법에 보장되어 있습니다. 이것을 헌법주의 혹은 법치주의라고 합니다. 현실에서 어떻게 적용되고 있느냐의 문제는 나라마다 조금씩 차이가 있습니다. 하지만 바로 이 차이가 민주주의의 질과 수준을 결정짓는 중요한 요소가 됩니다.

　우리나라는 현재 대통령에게 너무 많은 권력이 집중되어 있어 여러 가지 문제점을 안고 있지요. 앞으로 우리나라도 더 민주적으로 되기 위해서는 헌법 개정 등을 통해 삼권 분립을 더 강화하는 쪽으로 나가야 합니다.

정치 제도도 집처럼 수리가 필요하다고?

난집 수리하러 가.

난 투표하러 가.

우리가 사는 집은 오래되면 벽 색깔이 변하고, 바닥 장판도 해지고 더러워집니다. 창문 틈이 벌어져 바람이 들어오기도 하고, 화장실 물이 새거나 변기가 작동이 안 되기도 합니다. 집이 많이 낡으면 대대적으로 수리를 하는 것이 필요하지요.

낡은 집을 수리하는 것처럼 정치 제도도 수리가 필요합니다. 정치 제도는 집이 가족들이 편안하게 살도록 마련한 보금자리인 것처럼 국가가 잘 작동되도록 하는 장치라 할 수 있습니다. 정체 제도는 대통령 제도, 의회 제도, 사법 제도, 삼권 분립 제도, 정당 제도, 선거 제도, 학교 교육 제도, 입시 제도 등 아주 다양한 모습을 띠고 있습니다. 이러한 여러 제도도 가끔씩 수리를 해 주어야 잘 작동합니다. 왜 그럴까요?

우리나라의 대통령제는 대통령이 국가의 최고 지도자인 제도입니다. 1987년에 국민이 직접 대통령을 뽑는 제도를 만들었지요. 그 이전까지 우리나라는 진정한 민주주의 국가가 아니었습니다. 국민들이 대통령을 직접 뽑지 못했을 뿐 아니라 언론의 자유, 비판의 자유 등이 제한되어 있었고, 대통령을 비판하면 감옥에 가기도 했습니다.

지금의 대통령제하에서 대통령은 선거를 통해 뽑히지만 임기 동안 많은 권력을 부여받습니다. 정부에서 일하는 장관을 임명하고, 대법원장을 임명하고, 수많은 정부 기관의 책임자를 임명합

114

니다. 국가를 대표해 다른 나라의 대표들과도 만나고, 군대를 통솔하고, 외국에 군대를 파병하는 권한도 가지고 있습니다.

그런데 대통령에게 너무 큰 힘이 주어지면 많은 문제가 발생할 수가 있습니다. 권력이 한 사람에게 너무 많이 쏠리면 대화를 통하지 않고 독단적으로 결정하는 경우가 생기게 됩니다. 민주주의는 대화와 타협 그리고 협상을 통해 조금씩 양보하면서 최고의 정치를 펼치는 것인데 한 사람에게 권력이 집중되면 자기만의 정치를 펼치려고 합니다. 그러면 정부와 국회, 여당과 야당 간에 불협화음이 많이 생겨 정치가 불안정해지지요. 대통령제라고 하는 집이 낡고 고장이 났기 때문입니다. 더 잘 작동하도록 대통령 제도를 수리해야 할 필요가 생기는 이유입니다.

그럼 어떻게 수리를 해야 할까요? 대통령의 권력을 조금 줄이려면 임명권을 다른 사람에게 일부 넘겨주면 됩니다. 예를 들어 대통령이 임명하는 국무총리가 정부의 장관을 선발하게 하거나, 기관의 책임자를 관련 부처장인 장관들이 선발하도록 하면 권한이 많이 줄어들게 되지요. 또는 대통령은 외교와 안보, 국방 등 외국과 관련된 일만 책임지고, 국민의 안전, 교육, 주택, 환경 등의 일은 총리에게 넘겨주면 권력이 분산되기 때문에 균형 잡힌 통치가 가능할 수 있지요.

국회 의원의 특권을 줄여야 해

국회 의원이 활동하는 국회도 수리가 필요합니다. 지금 국회 의원들에게도 너무 많은 특권이 주어져 있어 줄일 필요가 있습니다. 국회 의원은 법을 만드는 일과 관련된 권리만 가지면 되지 그 이상으로 많은 권한이 주어지면 국민과 거리감이 생기게 됩니다. 특권이 많을수록 봉사하려는 사람들보다 특권에 관심이 있는 사람들이 정치를 하려고 하기 때문에 정치가 부패할 수가 있지요. 국회 의원들도 자전거로 출퇴근하거나, 대중교통을 이용하도록 하는 것을 많은 나라에서 도입하고 있습니다.

종종 뉴스에서 보는 것처럼 국회 의원들은 잘 타협하지 못하고 싸우기도 하고, 국민들에게 꼭 필요한 법을 만드는 데 너무 긴 시간이 걸리기도 하지요. 국회에서 활동하는 정당들이 서로 대화하고 조금씩 양보하면서 타협하면 되는데 잘 실천하지 못합니다.

국회 의원 특권 국회 의원은 품위 유지 차원에서 받는 특혜들도 많이 있다. 출입국 시 일반 심사대 대신 빠른 심사 절차를 제공받으며, 출장 시 해당 공관원의 영접을 받고, 항공기를 이용할 땐 비즈니스 석을 배정받는다. 차량 유지비와 기름 값 등도 한국은 연간 1800만원을 지원받지만 독일, 스웨덴 등은 주로 자전거나 혹은 대중교통을 이용하고 있다. 스웨덴 및 여타 북유럽 의원들은 개인 의회 보좌관도 없이 입법 활동을 하고 있어 힘들다는 이유로 이직률이 높다.

민주주의가 원활하게 작동하고 있는 나라들은 의회 내에서 토론, 대화, 협상 등이 잘 이루어져 효율적인 정치를 하고 있지요. 역시 국회 제도도 수리가 필요하다고 할 수 있습니다.

집과 마찬가지로 정치 제도도 수리가 제때 이루어지지 못하면 국민들이 살아가는 데 큰 불편이 뒤따르게 됩니다.

5장

좋은 정치의
조건은
뭘까?

23

정부가 우리의 행복을 지켜준다고 ?

정부에서는 어떤 일을 할까요? 정부가 하는 일이 너무 많아서 일일이 다 말하기 힘듭니다. 지방 정치에도 지방 정부가 있지만, 여기서는 중앙 정부가 무슨 일을 하는지 알아봅시다.

중앙 정부의 특징은 국민이 직접 뽑은 선출직 정치인이 직접 정부를 구성한다는 데 있습니다. 우리나라와 미국처럼 대통령제를 채택하고 있는 나라는 대통령이 정부의 수반이고, 영국처럼 의원 내각제를 채택하고 있는 나라들은 수상(혹은 총리)이 그 역할을 수행합니다. 정부의 수반, 즉 대통령 혹은 수상은 내각의 장관들을 임명하는 막강한 권력을 지닙니다.

정부는 국가를 경영하는 임무를 가지고 있습니다. 헌법에 국가 경영을 위한 정부의 역할이 상세히 기록되어 있습니다. 정부는 국민 한 사람 한 사람이 행복하게 살도록 노력해야 하는 의무를 가집니다. 국민이 행복하기 위해서는 무엇이 필요할까요?

먼저 행복하기 위해서 가장 중요한 요소는 무엇일지에 대해 생각해 봅시다. 아무리 좋은 집에 살고, 좋은 옷을 입어도 아프면 행복할 수가 없겠지요. 그러니 '건강'이 중요합니다.

아무리 행복하게 살고 있더라도 건물이나 다리 등이 붕괴되거나 범죄의 희생양이 되면 행복은 한순간에 사라지게 됩니다. 안전은 자신의 신변 안전뿐 아니라, 국가의 안보와 국방까지 포함됩니다. 나라가 스스로를 지킬 능력이 없어서 외국의 침략을 받아

식민지가 되면 한순간에 우리의 행복은 박탈당하게 됩니다. 이처럼 '안전'이 중요합니다.

　또 지금은 조금 힘들고 어려워도 잘 참고 견디면 성공할 수 있고, 목표에 달성할 수 있으리라는 기대가 있다면 잠시 행복을 유보하고 있더라도 그 기대와 설렘으로 행복할 수 있겠지요. 이처럼 '밝은 미래'도 매우 중요합니다. 건강과 안전, 밝은 미래는 행복하기 위해 필요한 중요한 요소임에 틀림없습니다.

건강, 안전, 밝은 미래를 부탁해

　국민의 안전과 건강을 지키고 국민이 더욱 행복할 수 있도록 정부는 여러 가지 시설을 만들어야 합니다. 공항, 도로, 철도, 공원, 도서관, 학교, 화장실 등은 모두 우리 생활에 직결됩니다. 미래가 있는 삶을 제공하려면 아프기 전에 예방 치료도 해야 하고, 식품 안전을 위해 연구와 검사 등을 실시해야 합니다. 부모님의 경제 수준과 관계없이 기본적 교육을 받을 수 있도록 어린이집, 유치원, 학교 등을 지어야 하고 교사도 교육시켜서 채용해야 합니다. 이 모든 것을 짓고 관리하기 위해서는 많은 돈이 필요합니다.

　그래서 부모님들은 정부가 우리의 행복을 지켜 줄 수 있는 활동을 할 수 있도록 세금을 내고 있는 것입니다. 여러분도 용돈을 벌기 위해 아르바이트를 하면 세금을 내게 됩니다. 정부에서는 매년 세금을 어디에 어떻게 쓸지에 대해 국회에 보고하고 허락을 받아 돈을 지출합니다. 이 같은 과정을 우리는 '예산안 심의 과정'이라고 합니다.

24

큰 정부와 작은 정부, 뭐가 더 좋을까?

우리는 종종 큰 정부니 작은 정부니 하는 이야기를 듣습니다. 정부가 크다 작다는 무슨 뜻일까요? 그리고 정부는 작아야 할까요, 아니면 커야 할까요? 큰 정부와 작은 정부는 어떤 차이가 있으며, 그 차이를 결정짓는 것은 무엇일까요?

어떤 나라의 정부는 아주 작은 예산안을, 어떤 나라의 정부는 엄청나게 규모가 큰 예산안을 국회에 제출합니다. 예산안의 규모를 결정하는 데는 무엇이 가장 큰 영향을 미칠까요? 바로 정부를 구성한 정당의 정치 철학과 선거 공약입니다.

세금을 가급적 덜 걷어서 국민 개개인이 웬만한 것은 스스로 알아서 책임지고 생활하는 것이 좋다고 생각하는 정당들은 중도 우파 계열에 속합니다. 이런 정당에는 영국의 보수당, 미국의 공화당, 일본의 자유민주당, 독일의 기독민주당 등이 있습니다. 이들 정당들은 공통적으로 강한 국방과 안보를 중요시합니다. 시장 경제의 활성화를 위해 세금을 가급적 적게 걷어야 한다고 생각하지요. 개인의 자유 선택 의지를 더 중요시하고, 경쟁을 통해 능력 있는 사람들을 뽑아 차별적으로 더 많은 혜택을 주려고 합니다.

반대로 세금을 조금 더 걷더라도 정부가 다양한 일을 해야 한다고 생각하는 정당들은 좌파 계열에 속합니다. 이들은 사회적 약자들을 보호하며, 빈부 격차를 줄이기 위해 더 많은 돈을 써야 한다고 주장합니다. 차별을 두지 않기 위해서 학교 급식도 모든 학

125

생에게 제공해야 하고, 출산율을 높이기 위해 아동이 있는 집에는 아동 수당을 지급해야 하며, 청년 실업자의 생활을 지원하기 위해 실업 기금을 지급해야 한다고 합니다. 연금도 높여서 국민의 기초 생활 수준을 높여야 한다고 생각하지요. 그리고 어린이집, 유치원, 학교 등도 시립이나 구립으로 운영해 돈이 더 많은 사람들이 다니는 사립 시설과 비슷한 수준의 질을 갖춰야 한다고 주장합니다.

그러면 그 많은 돈을 어디서 가져와야 할까요? 앞에서 말한 것처럼 세금을 걷어야 하는데 중산층 이상의 부유층이 세금을 더 많이 내고, 기업들도 세금을 더 많이 내고, 기업들이 사회 보장 비용까지 책임을 져야 한다는 입장을 가지고 있지요. 영국과 노르웨이의 노동당, 미국과 일본의 민주당, 독일과 스웨덴의 사민당이 이런 정당들입니다.

작은 정부는 야경국가, 큰 정부는 복지 국가

따라서 우파 정부들은 작은 정부를, 좌파 정부들은 큰 정부를 선호하게 됩니다. 작다는 뜻은 정부의 역할을 국방, 안보, 치안 등의 기본적 안전에 주로 치중을 하고, 기업의 경쟁력을 키워 주기 위해 기업이 내는 법인세를 가급적 낮추려고 한다는 의미입니다. 반면 크다는 뜻은 국방, 안보 등에는 우파보다는 조금 덜 쓰면서,

분배를 통해 더 많은 사람이 혜택을 볼 수 있도록, 가급적이면 보편적 복지를 이루는 데 정부의 역할을 치중하기 때문에 정부의 크기는 커질 수밖에 없다는 의미이지요.

작은 정부 혹은 국가를 야경국가, 큰 정부 혹은 국가를 복지 국가로 부르기도 합니다. 야경국가는 밤에 우리가 편하게 잠을 잘 수 있도록 군인들이 보초를 서고 경찰들이 동네를 순찰하는 것처럼 우리를 지켜 주는 것이 가장 중요한 국가의 역할이라는 뜻으로 사용됩니다. 복지 국가는 가급적 모든 사람이 차별 없이 일정한 수준의 삶의 질을 누리며 살 수 있도록 복지 처우를 폭넓게 책임지는 국가라는 뜻으로 사용됩니다.

야경국가와 복지 국가는 모두 강점과 약점이 조금씩 있습니다. 정부의 크기에 대한 판단은 개인적으로 어떤 정치적 성향이냐에 따라 선호와 혐오가 갈리기 때문에 일반적으로 대답하기 쉽지 않습니다. 개인의 정치적 성향, 혹은 자유와 평등에 대한 책임성 등에 대한 종합적 가치 기준을 우리는 이데올로기 혹은 사상이라고 표현합니다. 그 사상의 뿌리와 가치 기준이 어떠하냐에 따라 사회 및 국가의 발전 방향에 대한 시각, 그리고 각 개인의 능력, 인간성에 대한 시각에서 큰 차이를 보입니다. 여러분은 어떤 사상이 더 매력적인가요?

25

정당은 몇 개 정도가 가장 좋을까?

비례 대표 국회 의원

	●●● 당
1	●●● 당
2	●● 당
3	●●● 당
4	●●●● 당
5	●●●● 당
6	●●● 당
7	●●●● 당
8	●●● 당
9	●●●● 당
10	●● 당

21	●●●
21	

여러분은 친한 친구와 경쟁을 해 본 적이 있지요? 달리기를 하던가, 아니면 팔씨름을 해 보았을 겁니다. 그럴 때 꼭 이기고 싶었지요? 아주 친한 친구이지만 경쟁에서는 지고 싶지 않은 것이 어쩌면 자연스러운 인간의 본능이 아닐까 싶습니다.

친구 관계가 계속 좋으려면 무엇보다도 서로를 존중하면서 공정하게 경쟁해야 합니다. 이기는 데만 목적이 있다면 그 친구 관계는 금방 깨질지도 모릅니다. 좋은 관계는 선의의 경쟁을 통해 상호간에 자극을 주고 동기 부여를 하는 겁니다. 친한 친구와의 경쟁을 통해 나 자신도 모르는 사이에 실력과 배려심이 늘어나면서 더욱 발전된 모습으로 변화됩니다. 그런데 어떨 때는 더 많은 친구들과도 사귀고 싶을 겁니다. 두 사람의 관계에서 체험할 수 없는 다양성이 있기 때문이지요.

한 명이 더 가세해 세 명이 친구 관계가 되면 처음에는 더 많은 재미를 느끼게 됩니다. 각각의 개성과 재능이 달라 느낄 수 있는 재미와 기대감은 둘일 때보다 더 커집니다. 그런데 세 명이 되면 서로 견제하거나 경쟁하는 자세가 둘일 때와 약간 달라집니다. 조금 더 마음이 통하는 사람끼리 더 친해지기 때문에 여기에 끼지 못하는 사람은 소외감과 열등의식을 느낄 수도 있겠지요. 어떨 때는 의도적으로 한 사람을 따돌리는 경우도 생기게 됩니다. 네 명, 다섯 명으로 늘어날수록 그 관계는 더욱 복잡해지지요.

그럼 정치에서는 어떨까요? 두 개의 정당이 있는 의회와 다섯 개의 정당이 있는 의회는 어떤 차이점이 있을까요? 두 개의 정당이 있는 의회 정치는 매우 명료합니다. 선거에서 승리한 정당이 다수결 원칙에 따라 정권을 가져가 여당이 되고, 패배한 정당은 야당의 역할을 갖게 됩니다. 여당은 다수가 지지한 선거 공약을 실천하기 위해 노력합니다. 반대의 목소리도 있지만 다수의 지지를 받았기 때문에 추진력을 얻을 수 있습니다. 의회에서 다수를 점하고 있기 때문에 정부의 뜻에 따라 법안을 통과시키고 예산을 집행하게 됩니다. 야당은 여당의 정책을 비판하고 대안적 정책으로 국민들에게 좋은 인상을 남겨 다음 선거에서 이기기 위해 노력합니다.

이렇게 두 정당이 참여하는 의회 정치는 명료하지만 한 가지 단점이 있습니다. 정치 과정에서 서로 대립적 관계에 설 수 있다는 것이지요. 우리나라나 미국처럼 대통령제인 국가에서 두 개의 정당밖에 없는 경우 야당이 여당보다 의회에서 더 많은 의석을 가지면 대립 관계는 매우 첨예해집니다. 정치적 갈등과 비효율성의 수위는 높아질 수밖에 없지요.

그런데 세 개 이상의 정당이 있을 경우는 다릅니다. 여당의 경우 두 야당 중 좀 더 호의적인 정당에 정책 도움을 요청해 의사 결정과 법안 통과 등을 좀 더 수월하게 진행시킬 수 있습니다. 국민들의 경우 투표에서 선택할 정책 대안들이 더 많기 때문에 투표율도 더 높아집니다. 정당이 두 개일 경우에는 누가 선거에서 이기게 될지 더 쉽게 알 수 있기 때문에 정치에 대한 관심과 참여도가 낮아질 수가 있지요. 양당 제도에 기초하고 있는 미국과 영국은 네덜란드, 스웨덴, 덴마크처럼 다섯 개 이상의 정당이 있는 경우보다 투표율이 상대적으로 낮습니다. 그만큼 정치적 관심과 동기 부여가 낮기 때문이지요.

양당제가 좋을까, 다당제가 좋을까?

정당이 많을 때도 문제점은 있습니다. 선거가 끝나고 정부를 구성할 때 정당들이 모여 과반수를 만들기가 쉽지 않습니다. 큰 정당들끼리는 서로 정책의 차이가 워낙 커서 협조를 하지 못하는 경우가 많습니다. 그래서 가장 큰 정당과 두 번째 큰 정당은 작은 정당들의 도움을 얻어 과반수를 만들어 정부를 구성하려고 하지요. 이때 가장 작은 정당도 캐스팅 보트(선택적 결정권)를 쥐고 권력을 행사할 수 있게 됩니다. 다수의 힘보다 소수가 더 큰 힘을 발휘하

캐스팅 보트 합의체의 의결에서 가부가 동수인 경우에 의장이 가지는 결정권을 의미한다. 가부가 동수인 경우에는 두 가지 사례가 있다. 하나는 부결된 것으로 보는 것이고, 다른 하나는 의장이 캐스팅 보트를 가지는 것이다. 우리나라의 국회에서는 가부가 동수인 경우 그 의결은 부결된 것으로 본다.

게 되지요. 우리는 이것을 소수의 횡포, 소수의 독재라는 표현을 쓰기도 합니다.

제도는 어떤 것이 더 좋다고 이야기할 수 없을 때가 많습니다. 양당 제도와 다당 제도 모두 장단점이 분명히 있습니다. 그 제도 내에서 장점을 극대화하고 단점을 줄이려는 노력이 우선되어야 성공적인 민주주의를 만들 수 있지요.

26

정당의 목적은 정치권력의 획득이라고?

우리는 흔히 "어떤 정당을 지지해?"라는 말을 해요. 그런데 정당은 왜 만드는 걸까요? 또 정당은 어떤 사람들이 만들고, 정당의 당원이 되면 어떤 일을 하는 걸까요? 정당은 어떤 집단인지 알아볼까요?

정당은 국가의 발전 방향과 내용에 대해 비슷한 생각을 가진 사람들이 모여 선거를 통해 국민의 지지를 받아 정부를 세우고자 하는 정치 조직입니다. 국가의 발전 방향과 내용을 흔히 우리는 '선택적 가치'라고 하지요. 즉 정당은 기존의 가치를 지지하고 새롭게 가치를 만들기도 하면서 국민들의 지지를 얻어 정치권력을 잡고자 하는 조직입니다.

여기서 가치란 인간의 본성에 대한 시각, 미래에 대한 이상, 개인과 국가의 역할 분담 등 윤리와 규범에 대한 판단 근거를 의미합니다. 따라서 가치 중심의 정치는 사람들의 생각, 의견, 행동 등에 방향성을 제시해 주는 매우 중요한 역할을 하게 됩니다.

정당은 다른 사회 조직과 다르게 정치권력을 목적으로 하는 집단입니다. 정당의 활동을 위해서는 정당을 이끌어 갈 사람들이 필요하고, 적극적으로 참여해 당의 발전을 위해 봉사하는 사람들도 필요합니다.

정당을 이끌어 갈 사람들을 일반적으로 정당 정치인이라고 합니다. 생각이 같은 사람들이 모여 나라의 경제는 어떻게 발전시키고, 어느 정도의 세금을 걷어 국방, 교육, 치안 등에 배정하며,

어린이집, 학교, 장애인 시설, 노인 시설 등은 어떻게 운영해야 할지, 입시 제도는 어떻게 개선해야 할지를 모색합니다. 그리고 국가의 미래 발전에 대한 방향과 내용을 정해 국민들에게 알려 지지를 받으려고 합니다.

정당에 소속되어 적극적으로 도와주는 사람들을 '당원'이라고 부릅니다. 당원들은 자발적으로 회비를 내면서 정당이 진행하는 행사에 적극적으로 참여합니다. 당원 교육, 선거 운동, 당 총회 등에 참여하고, 당 대표와 당 지도부를 뽑는 등 중요한 역할을 가지고 있습니다.

국회 의원들이 심한 말싸움을 하고 장외 투쟁을 하는 이유는?

앞에서 양당 제도와 다당 제도에 대해 배웠지요? 우리나라는 어떨까요? 우리나라는 전통적으로 양당 제도에 가깝습니다. 여당과 야당으로 구분되는 양당 제도는 서로 선의의 경쟁을 해 나가는 친구들처럼 긍정적인 면이 있지만, 축구 경기에서처럼 승자와 패자가 명백히 구분되어 승자는 승리의 기쁨을 느끼지만, 패자는 쓰라린 패배감을 맛볼 수 있지요.

선거에서 승리한 정당은 정부를 구성하고 정부 산하 기관의 기관장 임명권, 예산 집행권 등 엄청난 권력을 갖게 됩니다. 반면 선거에서 진 야당은 의회에서 여당을 견제하는 역할을 갖지만 통치권이 없어 권력은 상당히 위축됩니다. 그래서 다음 선거에서 이기기 위해 더욱 강한 견제를 하다 보면 국회에서 국회 의원들끼리 심한 말싸움을 벌이기도 하고, 거리에서 농성을 하는 등 국회 밖으로 나가 장외 투쟁을 펼치기도 하지요.

정당은 정치적 의견이 같은 사람들끼리 모여 정치권력을 얻기 위해 다른 정당과 경쟁하며 민주주의를 발전시켜 나갑니다.

여러분은 컴퓨터나 휴대폰으로 게임을 하지요? 여러분이 경험한 기기들의 성능은 예전에 쓰던 것과 최근에 출시된 것 중에 무엇이 더 좋은가요? 당연히 최근에 나온 기기들이 더 좋은 성능을 자랑할 것입니다. 속도도 빠르고, 화면도 훨씬 선명해 몰입도도 더 커지지요.

세계의 전자 제품 회사들은 4차 산업 혁명에 대비한 기술 개발에 엄청난 시간과 노력을 들이고 있습니다. 인공 지능, 자율 주행, 빠른 5G 통신, 가상 현실과 증강 현실, 드론, 사물 인터넷, 로봇 산업, 빅데이터 산업 등의 발전이 우리 삶을 어떻게 변화시킬지 모릅니다. 더 빨리, 더 많은 정보를 처리해 주는 전자 기기들이 빠르게 개발되면서 우리 삶에 큰 영향을 끼치게 됩니다. 전자 제품은 가장 최근 것일수록 더 많은 능력을 가지고 있고 더 많은 편의성을 제공해 줍니다.

그럼 정치에서도 새로운 정당이 많을수록 좋을까요? 정치는 전자 제품을 만드는 회사와는 정반대의 현상을 보여 줍니다. 새롭게 만들어진 정당이 많을수록 정치는 불안정해지고 사회적 갈등은 더욱 커집니다. 정당은 왜 오래될수록 좋은 걸까요?

정당은 가치를 함께 나누고, 중요한 가치를 사회에 파급시켜 사회의 발전 방향을 제시하는 조직입니다. 생각과 의견 그리고 미래에 대한 시각이 비슷한 사람들이 모여 움직이는 정치 조직인 정당이 오랫동안 지속될수록 그 정당의 정체성은 더 명확해집니다.

국민들은 그 정당이 무엇을 지향하고 있는지, 어떤 주장을 펴는지, 그리고 어떤 방향으로 국가를 이끌고자 하는지를 쉽게 확인할 수 있습니다.

그런데 정치인이 다른 가치에 기반을 둔 정당으로 쉽게 소속을 옮기거나, 자주 정당을 새로 만들면 어떻게 될까요? 국민들은 정당에서 자신의 가치를 확인하는 것이 불가능해집니다. 결국 정당과 거리감을 느끼게 되며, 이런 정치인을 싫어하게 되지요. 정치에 대한 무관심과 정치 혐오는 꾸준하게 오랜 시간을 두고 가치와 이상을 이야기하는 정당이 없을 때 생겨나는 현상입니다.

100년이 넘는 역사를 자랑하는 세계의 정당들

정당 정치가 시작된 영국은 세계에서 가장 오래된 정당을 가지고 있습니다. 현재 정당들은 100년이 넘는 역사를 자랑합니다. 보수당은 1834년에 생겨 지금까지 유지되고 있고, 노동당은 1900년에 창립되어 120년의 역사를 가지고 있습니다. 미국의 정당들은 1828년에 세운 민주당, 1854년에 세운 공화당이 아직까지 활동하고 있습니다. 자유와 평등에 대한 기본적 가치와 국가의 미래, 개인과 공동체의 책임 분담 등에 관한 시각을 오래전부터 유지해 오고 있습니다. 스웨덴에도 100년이 넘는 정당들이 그대로 유지되고 있습니다. 시대에 맞는 이름으로 개명을 하기도 했지만 같은 정당들입니다. 이렇게 정치를 책임지고 있는 오래된 정당은 정체성이 명확해 국민들은 그들에게 정권을 맡기고 일상생활을 할 수 있는 것이지요.

우리나라에서는 민주주의가 본격적으로 시작된 1988년 이후 수많은 정당이 만들어지고 합당하는 일이 반복되어 왔습니다. 그렇다고 새로운 정당이 생기는 것이 나쁜 것만은 아닙니다. 기존의 정당들이 새롭게 변화하는 사회의 문제를 해결할 수 있는 능력이 없을 때는 새 정당도 필요하지요. 중요한 것은 새로운 정당이 과연 국민을 위해서인지 아니면 특정 정치인을 위해서인지, 어떤 필요성에 의해 생겨나는 것인지 하는 점입니다.

28

여성들이 정치를 하면 우리 정치가 바뀔까?

세계에서 남성과 여성 간에 차별이 적은 나라를 꼽으라면 스위스, 덴마크, 스웨덴, 네덜란드, 노르웨이 등을 들 수 있습니다. 이들 나라는 성평등 지수에서 상위권을 차지하고 있습니다. 성평등 지수는 어떻게 순위를 정하는 걸까요?

성평등 지수는 남성들과 비교한 여성들의 교육 수준, 봉급 수준, 회사 중역 비율, 국회 의원 비율, 건강 상태, 여성 노동 시장 참여율 등의 차이를 합산해 순위를 정합니다. 남성과 여성의 차이가 적을수록 성평등 사회라 할 수 있습니다.

남성이 지배하는 세계에 여성이 더 많이 진출하게 되면 어떤 변화가 일어날까요? 남성들은 일반적으로 경제, 국방, 재정, 기술, 건축 등에서 활발하게 활동하고 있습니다. 여성들은 보건, 의료, 교육, 육아, 노인 복지, 장애인 복지 등의 분야에 더 많은 관심을 갖습니다. 여성이 정치에 더 많이 진출할수록 생활과 밀접한 분야에 큰 변화가 생길 수 있습니다.

성평등이 잘 이루어진 북유럽 국가 중 스웨덴의 경우 국회에 여성 의원 비율이 47퍼센트에 이릅니다. 정부의 장관 비율은 남성과 같은 50퍼센트를 차지하지요. 의회 상임 위원회의 여성 위원장 비율도 정확히 50퍼센트를 차지합니다. 지방 의회의 경우도 예외는 아닙니다. 전체 4만 7천 명의 의원 중 43퍼센트를 여성이 차지합니다.

우리나라는 국회 의원 300명 중 여성은 51명으로 17퍼센트에 그치고 있습니다(20대 국회 의원). 여성 장관 비율은 다소 높은 31퍼센트를 기록하고 있지만 여성들의 실질적 권한이 높아진 것은 아닙니다(2018년 기준).

여성 정치인의 비율이 높을수록 부패율이 낮은 이유는?

여성이 정치에 많이 진출하게 되면 남성이 정치를 장악하고 있는 국가와 어떤 차이를 보여 줄까요? 북유럽 모든 국가에서 정치인과 관료들의 부패율이 매우 낮습니다. 여러 가지 원인이 있지만 주요한 원인은 여성의 정치 참여율이 세계 어느 나라들보다 높기 때문이라고 합니다. 여성 정치인의 비율이 높으면 왜 부패율이 매우 낮을까요? 남성이 지배하는 사회는 정치권력을 자신의 출세와 이권을 위해 사용하는 경향이 높기 때문에 부패할 확률은 더 높아진다고 합니다. 여성은 일반적으로 정치권력보다는 건강, 지구 환경 등 인간의 행복과 미래에 더 관심이 많지요.

여성들이 정치에 참여해야 하는 이유를 앤 필립스라는 여성 정치학자는 '동참의 정치'라는 용어로 설명하고 있습니다. 정치는 당사자들이 직접 참여하지 않으면 사회의 직접적 변화를 가져오지 못한다고 합니다. 남성이 지배하는 정치는 남성의 기득권을 유지하기 위한 정책에 관심이 있어 여성들에게 필요한 정치를 펼치지 않기 때문이라는 것이지요. 학교, 일자리, 직장, 가정, 보건 등 다양한 분야에서 여성들의 입장에서 정책을 펼치는 것이 아니라 남성의 시각에서 여성 문제를 다루기 때문에 큰 변화를 가져올 수 없다고 합니다. 그 이유는 남성이 밖에서 일하고 여성은 가정에서 가사와 자녀 교육 등을 책임져야 한다는 남성 중심 사회적 시각에서 벗어나지 못하기 때문이라는 거지요.

여러분은 부모님이 부모님 기준으로 여러분의 문제를 보려 한다고 생각하지요? 학교생활과 친구 관계 그리고 미래에 대한 여러분의 고민을 부모님들이 제대로 이해하지 못한다고 생각하지요? 이런 생각에 동의한다면 필립스의 이론이 설득력 있다고 말할 수 있습니다.

자, 그럼 "여성들이 정치를 하면 우리나라의 정치는 바뀔 수 있을까요?"라는 질문에 대한 답은 무엇일까요? 물론 엄청난 변화를 몰고 올 것이라고 봅니다. 그런데 더 중요한 것은 여성들이 정치에 더 많이 진출하게 할 수 있는 방법을 찾아야 한다는 것입니다. 왜냐하면 정당들이 여성들을 더 많이 등용해야만 정치에 진출하는 것이 가능하기 때문입니다.

29

동아리에서 민주주의를 배운다고?

이탈리아는 가장 오래된 제국 로마, 르네상스의 중심지 피렌체, 기울어진 탑으로 유명한 피사, 물의 도시 베네치아, 최신 유행과 디자인을 선도하는 밀라노, 화산 폭발로 묻혀 버린 폼페이, 그리고 세계 3대 미항이라고 불리는 나폴리 등 수많은 도시들이 역사와 문화를 자랑하지요.

이탈리아의 북쪽 지역은 산업 시설, 대학교, 관광 자원들이 풍부해 경제 성장과 일자리 창출 등에 주도적 역할을 합니다. 그런데 남쪽 지역은 아직도 주요 산업이 농업입니다. 시칠리아는 아름다운 자연과 포도주, 그리고 올리브로 유명하지만 범죄율도 매우 높다고 해요. 우리나라에 영화 〈대부〉로 잘 알려진 마피아 조직이 시칠리아를 중심으로 남부 지역에서 활동하고 있습니다. 나폴리는 많은 관광객이 찾는 유명한 도시지만 높은 범죄율로도 악명을 떨칩니다.

이탈리아 남부에 마피아가 많은 이유는?

같은 나라인데도 이렇게 차이가 나는 이유는 무엇일까요? 미국에서 활동하고 있는 이탈리아 학자 퍼트남은 역사적 원인과 함께 사회 구성원들의 생활 방식의 차이 때문이라는 학설을 제시했습니다. 역사적으로 북쪽은 1871년 통일 이전에 교황청이 있어

가톨릭 신자가 많았고, 외국의 침략이 많지 않았습니다. 오스트리아와 프랑스가 오랫동안 지배해 안정적인 생활을 누릴 수 있었지요. 그런데 남쪽은 오랫동안 스페인이 지배해 왔지만, 수시로 오스트리아, 프랑스 등이 침략해 뺏고 뺏기는 전쟁이 계속 벌어졌습니다. 국민들은 수시로 통치자가 바뀌니까 정부와 거리를 두고자 했습니다. 언제든지 다른 정권이 들어서면 배신자로 몰려 죽임을 당할 수 있기 때문에 조심을 한 것이지요. 사람들은 경찰과 군대를 믿지 못했고, 동네에서 힘 있는 사람에게 돈을 내면서 자신들을 지켜 주는 것을 선호했습니다. 바로 남쪽 지방에서 마피아가 생겨나게 된 이유이지요.

퍼트남 교수는 두 지역 사이의 중요한 차이를 하나 더 발견합니다. 남쪽 지방 사람들은 지금도 정치인, 의회 그리고 경찰 등과 같은 공조직을 믿지 않고 불신하는 경향이 높은 데 비해, 북쪽 지방 사람들은 공조직에 비교적 높은 신뢰도를 보여 주고 있다는 점을 알아냈습니다. 지금은 이탈리아 정부가 독립권과 자치권을 가지고 전체 이탈리아를 안정적으로 통치하고 있는데 왜 이렇게 차이가 나는가에 의문을 가지고 여론 조사를 해 보았지요. 그랬더니 주민들 간의 생활 방식에서 큰 차이를 보이고 있음을 발견했습니다.

북쪽 지방 사람들은 틈만 나면 교회 성가대에서 노래를 부르거나, 마을 회관에 모여 음식을 함께 만들고, 자녀들을 축구 클럽에 보내 활동하게 하는 경향이 남쪽 주민들보다 훨씬 높았습니다. 축구 클럽뿐 아니라 사이클, 테니스, 마라톤 등의 동아리 활동도 매우 활발하게 이루어지고 있고, 성당 자원 봉사, 적십자 구호 단체 자원 봉사, 장애인 지원 봉사, 알코올과 마약 퇴치 단체 봉사 등 다양한 사회 활동에 적극적으로 참여하고 있었습니다.

또 북쪽 주민들의 투표율은 80퍼센트 이상인데 남쪽 주민들의 투표율은 60퍼센트 수준으로 낮은 점을 발견했습니다. 정당 운동과 정당 활동에 있어서도 북쪽 주민들이 훨씬 많이 참여하는 현상을 보였지요.

그러면 사회 활동에 적극적인 북쪽 주민들은 왜 정치 활동에도 적극적일까요? 그리고 왜 민주주의에 대한 신뢰도도 높고 미래에 대한 기대치도 높게 나타날까요? 퍼트남 교수는 사회 활동에 적극적인 사람들은 동아리에서 활동하면서 자연스럽게 다른 회원들과 자주 만나 공동의 관심사에 대해 이야기하고, 함께 커피를 마시며 서로를 이해해 가는 과정이 생긴다고 합니다. 그래서 나와 다른 가족 배경이나 종교를 갖고 있어도 만나는 횟수가 많아지면 신뢰하게 된다는 것이지요. 이렇게 다양한 사회 활동을 하다 보면 개개인의 활동 반경은 넓어지고 네트워크가 다양해지면서 큰 자산이 된다고 했습니다. 퍼트남 교수는 이를 사회적 자본이라고 불렀지요. 종교와 피부색, 여성 혹은 남성, 교육의 차이 등과 관계없이 나와 다른 사람들에 대한 이해의 폭이 넓어져 전반적인 신뢰 관계가 넓게 확산되는 것입니다.

하지만 남쪽 주민들은 농업에 종사하면서 늦게까지 밭에서 일하고 주말에도 일을 하는 횟수가 많다 보니 저녁이나 주말에 시간을 내서 사회 활동을 하는 기회가 많이 부족하다고 합니다. 그래서 북쪽 주민들보다 사회적 자본이 낮게 나타나고 이웃이나 이민자들에 대한 신뢰도도 낮게 나타나게 된다고 보았습니다.

여러분은 학교 동아리에서 활동해 본 경험이 있나요? 아니면 교회나 절 등의 모임이나 행사에 주기적으로 참석한 적이 있나요? 또 봉사 동아리 단체에 가입해 활동해 본 적은 있나요? 여러분도 직접 참여해 재미를 즐기면서 다양한 사람들과 만나서 이야기를 해 보세요. 이를 통해 여러분의 사회적 자본이 늘어나고 나와 다른 사람들에 대한 이해의 폭이 넓어지게 될 것입니다.

6장

거인과 난민이 공존하는 세상

30

거인은
한 명이 좋을까,
두 명이 좋을까
?

152

옛날 옛적 한 동네에 덩치가 크고 힘이 센 거인이 살았습니다. 그 거인은 성격이 괴팍해서 동네 사람들을 이유 없이 괴롭히고, 그가 원하는 대로 따르지 않으면 위협하고 때리기까지 했습니다. 거인이 지나가면 동네 사람들은 그냥 피해 가는 것이 가장 좋은 방법이었지요.

하지만 좋은 점도 있었습니다. 아주 힘이 센 사람이 동네에 있으니까 큰 싸움이 없어져서 마을이 조용해졌습니다. 수시로 말다툼하고 싸우던 사람들도 겁을 먹고 조심했기 때문입니다. 사람들은 거인에게 잘 보이면 아무 문제없이 지낼 수 있어 거인에게 밥도 사 주고 돈도 갖다 주고 했지요.

그러던 어느 날 덩치도 황소 같고 힘도 센 또 다른 거인이 그 동네로 이사를 왔습니다. 동네 사람들은 새 거인의 등장에 긴장하기 시작했습니다. 두 거인은 상대가 힘이 세다는 것을 알고 서로 조심하며 큰 싸움을 하지 않았습니다. 하지만 동네에 원래 살던 힘센 거인은 언젠가 새로 이사 온 거인을 제압하겠다며 별렀습니다. 동네 사람들은 두 사람이 싸울까 봐 걱정하는 마음으로 눈치만 보고 있었지요.

힘센 사람이 한 명 더 생기자 동네에 변화가 일어나기 시작했습니다. 예전에는 한 사람에게만 잘하면 되었는데, 이제는 두 사람 중에 누구에게 잘해야 할지 고민스러웠던 거지요. 어떤 사람들은 새로 이사 온 거인에게 잘못 보여 큰 낭패를 볼까 봐 두려워 원래 있던 거인에게 더 잘 보이려고 노력했습니다. 그래야 그 거인의 도움을 받을 수 있기 때문이지요.

하지만 원래 있던 거인이 난폭해서 평소 거인에게 불만을 품고 있던 몇몇 동네 사람들은 새로 이사 온 강자에게 마음을 돌렸습니다. 결국 동네에는 두 거인이 이끄는 큰 무리가 생기게 됩니다. 양쪽 무리들은 숫자도 거의 비슷했고, 힘도 비슷해서 불안하지만 안정적인 질서가 만들어졌습니다. 두 진영은 서로 건드리지 않아 평온한 가운데 두려움이 드리워져 있었습니다.

한 명의 거인, 미국
두 명의 거인, 미국과 소련

현재 세계는 첫 번째의 경우처럼 한 명의 힘센 거인, 즉 미국이 독주를 하고 있는 체제입니다. 미국은 매우 강한 힘을 휘두르고 있으며, 맘대로 결정하는 일도 많습니다. 1991년 소련이 붕괴되기 이전에는 두 번째의 예처럼 힘센 두 거인이 세계의 질서와 균형을 이루고 평화 체제를 유지했지요. 소련은 큰 힘을 가지고 동유럽 국가들과 공산주의 체제 동맹을 이루고 있었습니다. 이를 두고 우리는 냉전 체제라 부릅니다.

두 강대국 체제에서 작은 전쟁들은 있었지만 두 국가가 직접 맞붙는 큰 전쟁은 없었습니다. 불안한 가운데 평화가 있었던 셈이지요. 이처럼 강한 나라가 둘일 때 더 안정적일 수 있습니다.

31

거인의 독주에 제동을 거는 국가는?

멈춰!

?

현재 미국은 세계에서 가장 경제력이 강한 나라입니다. 우주 개발에서도 세계 최강이며, 과학 기술, 의학 등에서도 가장 앞서가는 나라입니다. 페이스북, 구글, 애플, 아마존 등 세계적 IT 기업들도 미국에 있습니다.

미국의 기업들은 세계의 인재를 엄청나게 끌어들이고 있습니다. 이를 두고 우리는 블랙홀 현상이라 합니다. 즉 우주에 있는 블랙홀이 주위에 있는 우주 먼지를 다 집어삼키는 것처럼 미국이 세계에서 가장 우수한 인재들을 엄청난 장학금을 주고 데리고 가기 때문에 그렇게 부르지요. 미국에 유학 간 각 나라의 인재들은 질 좋은 교육을 받게 되고, 학업을 마치면 미국의 기업이나 연구소에 취직해 계속 연구해 나가게 됩니다.

앞에서 말한 첫 번째 예처럼 지금은 한 나라가 거인인 상황입니다. 이라크의 독재자 사담 후세인은 자신의 힘을 자랑하다가 미국의 침략을 받아 정권에서 물러났습니다. 이란도 국제 조약으로 금지된 원자 폭탄을 독자적으로 개발하다가 경제 제재를 받아 지금도 고통을 받고 있습니다. 리비아의 독재자 카다피는 집권 초기부터 반미 정책을 펴며 핵무기 개발을 시도했으나 미국의 경제 제재에 못 이겨 결국 항복했습니다.

몇십 년 안에 중국의 경제력이 미국을 추월할 거라고?

그런데 미국의 독주에 제동을 거는 국가가 생겼습니다. 우리의 이웃 국가인 중국입니다. 중국은 1990년대부터 매년 10퍼센트 이상씩 경제 성장을 이뤄 내고 있습니다. 경제가 빠르게 성장하면서 국력도 동시에 팽창하고 있지요. 한 나라의 경제가 성장하면 가장 먼저 투자하는 곳이 국방입니다. 중국은 미국의 군사력에 대항하기 위해 군사 기술과 무기 개발 등에 엄청난 돈을 쏟아붓고 있습니다. 아직 미국의 힘에 미치지 못하지만 몇십 년 안에 중국의 경제력은 미국을 추월할 것으로 보고 있지요. 중국은 아프리카, 아시아, 남아메리카 등의 국가에 경제 원조를 해 주면서 힘을 넓혀 가고 있어요. 이들 나라들은 두 번째 예처럼 새롭게 나타난 힘센 거인에게 도움을 요청하는 것이지요.

우리나라는 이웃 국가인 일본과 함께 안보와 국방 분야에서 미국과 동맹 관계를 맺고 있습니다. 동맹이라는 의미는 어느 한

나라가 공격을 받으면 자동적으로 도움을 줘야 하는 관계라는 뜻입니다. 그런데 우리나라는 경제적으로 중국과 아주 밀접한 관계에 있습니다. 무역에서 중국이 미국보다 더 큰 교역국입니다. 안보 문제, 경제 문제 등이 맞물려 아주 복잡한 상황입니다.

힘이 지배하는 세계 정치 속에서 우리나라는 어떻게 생존하며 국력을 키워야 할까요? 두 힘센 거인 앞에서 우리가 어떻게 해야 가장 현명한 것일까요? 여러분도 이 문제를 더 깊이 고민해 보기 바랍니다.

32

국제 정치는 힘으로만 움직일까?

국제 정치는 흔히 힘의 세계라고 합니다. 앞에서 말한 것처럼 한 명의 거인 또는 두 명의 거인이 있는 세계에서는 무엇보다 힘으로 지배된다는 것을 알 수 있습니다. 그런데 세계는 힘으로만 움직이는 것일까요?

다시 한 번 두 거인의 이야기를 예로 들어 볼까요? 불안하지만 평화로운 마을에 갑자기 태풍이 불고 홍수가 나 집이 떠내려갔습니다. 재해를 입은 많은 사람들이 마을 회관에 모여 생활을 했습니다. 태풍이 지나가자 마을 사람들은 조금씩 돈을 모아 집을 잃은 사람들에게 음식을 제공해 주고, 부서진 집을 다시 짓는 데다 같이 힘을 모았습니다. 망가진 도로를 고치고 교통 표지판 등도 함께 세웠습니다. 그리고 태풍과 홍수가 와도 견딜 수 있는 댐을 만들고, 숲에 나무를 심어 산사태를 방지했습니다. 모두 함께 이룬 일이지요.

마을 이장님은 앞으로 두 거인에게만 기대는 것보다 모든 주민이 함께 힘을 모아 어려운 일을 해결해 나가자고 제안했습니다. 마을 사람들이 다들 좋다고 해서 모임이 만들어졌습니다. 모두 다 조금씩 책임을 나누고, 회비도 내며 함께 문제를 해결해 나가는 모임이었습니다.

여러분은 국제 연합이라는 국제기구를 들어 보았지요? 국제 연합에는 193개 국가가 회원으로 있고 우리나라도 정식으로 가입되어 있습니다. 국제 연합은 세계의 어려운 문제를 회원 국가들이 함께 토론하고 최선의 해결 방법을 찾으려고 노력하는 국제단체입니다. 바로 마을 사람들이 회원이 되는 마을 모임 같은 것입니다.

국제단체는 공동으로 회비도 내고 문제가 생기기 전에 미리미리 준비하는 일도 함께합니다. 전체가 대화와 토론을 통해 공동으로 문제를 해결하고자 합니다. 나라와 나라 사이에 대화와 토론을 이끌어 가는 사람들을 외교관이라고 하고, 그 과정을 외교라고 부릅니다. 외교관들은 자기 나라의 이익을 최우선으로 생각하며, 다른 나라의 외교관들과 함께 공동 이익이 무엇이 있는지 찾고자 합니다.

환경 문제, 지구 온난화 문제, 세계 인권 문제, 난민 문제, 성평등 문제 등 세계의 여러 문제에 대해 들어 본 적이 있을 겁니다. 이 같은 문제들은 한 나라 혹은 두 나라가 주도적으로 해결할 수 없는 문제입니다. 모든 나라가 함께 책임을 지고 공동으로 대처해야만 해결할 수 있지요.

이렇듯 국제 정치는 힘의 논리로 설명되는 경우도 있고, 서로 의존을 하며 살아가는 방법 등으로 이해하고자 하는 경향도 있습

국제 연합 국제 연합은 다음과 같은 목적을 지닌다. 첫째, 회원국 간의 평화와 안전을 유지한다. 둘째, 국가 간 우호 관계를 발전시킨다. 셋째, 경제적·사회적·인도적 문제를 해결하기 위한 국제적 협력을 이끌어 낸다. 넷째, 공동 목표 달성을 위해 각국의 활동을 조화시키는 중심 역할을 한다.

니다. 보다 전문적인 용어로 표현하면, 힘의 논리로 설명하는 것을 현실주의라고 합니다. 모두가 자신의 힘을 바탕으로 각자 이익을 최대한 늘리려 한다는 설명 방법입니다. 하지만 현실주의적 방법의 한계는 더 큰 지구적인 문제를 해결할 수 없다는 데 있습니다.

그 다음 서로 의존하고 있다는 상호 의존론을 바탕으로 설명하는 것을 자유주의 혹은 이상주의라고 합니다. 세계 정치의 두 이론은 세계가 어떻게 움직이고 있는지, 그리고 어떻게 행동하고 있는지를 잘 설명해 주는 기본적 틀이라고 할 수 있습니다.

66 우리나라도 세계의 문제를 함께 해결하기 위해 노력하고 있어

우리나라도 경제력을 키워 나가고, 국방 기술을 개발하며, 국민 한 사람 한 사람의 능력을 키워 더욱더 강한 국가를 만들려고 노력합니다. 또 우리 스스로의 힘만으로 외국의 침략과 공격을 막아 낼 수 없기 때문에 미국과 동맹 관계를 맺고 있지요. 이런 부분을 현실주의적 논리로 설명할 수 있습니다.

동시에 우리나라는 국제 연합에도 가입해 세계의 문제를 함께 해결하기 위해 노력하고 있습니다. 국제 연합에서 주도하고 있는 환경 국제회의, 이산화 탄소 배출 규제를 위한 국제회의에도 적극 참여하고 있지요. 또한 아동 권리 선언에도 참여해 우리나라의 아동 문제와 세계 아동 문제를 해결하고자 노력하고 있습니다.

자유주의 이론은 각자의 이익만을 추구하는 현실주의로 설명할 수 없는 국가의 노력과 공동의 책임, 그리고 상호 의존적 관계를 바탕으로 하고 있답니다.

33

왜
나라를 버리고
떠날까
?

여러분은 친구가 외국으로 이사를 가 헤어진 경험이 있나요? 외국으로 간 친구는 아마도 부모님의 직장 때문에 혹은 가족이 새로운 삶을 꾸리기 위해 떠났을 겁니다. 더 좋은 삶을 위해 스스로 원해서 살던 곳을 떠나는 것을 이민이라고 부릅니다.

자발적으로 떠나는 이민과 다르게 지금 살고 있는 곳에서 도저히 살 수가 없어서 떠나야 하는 사람들이 있습니다. 이들을 우리는 난민이라고 부릅니다. 그럼 왜 난민이 생길까요?

전쟁이 일어나면 이기는 쪽이 있고, 지는 쪽이 있습니다. 지는 쪽의 국민들 중 이기는 쪽이 통치할 때 보복할 것이 두려워 탈출하는 사람들이 생겨납니다. 원하지 않지만 어쩔 수 없이 나라에서 탈출하는 것이지요. 난민은 전쟁뿐 아니라 홍수나 굶주림, 독재 정치에서 벗어나기 위해 또 피부색, 언어, 문화, 종교 등이 다르다는 이유로 받는 탄압에서 벗어나기 위해 자기가 살던 나라를 떠나야 하는 사람들입니다.

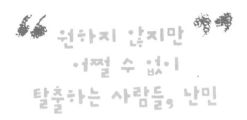

원하지 않지만
어쩔 수 없이
탈출하는 사람들, 난민

보트피플(boat people)이라는 단어를 들어 본 적이 있나요?

1973년부터 베트남 전쟁으로 인해 탈출했지만 받아 주는 나라가 없어서 바다를 떠돌아다녔던 베트남 사람들을 말합니다. 이후 보트피플은 배로 조국을 탈출하는 난민을 지칭하는 말로 확대되었지요.

조국을 탈출하는 방법은 여러 가지가 있습니다. 걸어서 국경을 인접한 나라까지 가거나, 기차 혹은 자동차로 국경까지 가서 난민 신청을 하기도 하지요. 난민들 중에는 언젠가 살던 곳으로 다시 돌아가기를 원하는 사람들이 많습니다. 지금도 아프리카와 서아시아에서 배를 타고 지중해를 건너 유럽으로 탈출하려는 난민들이 많이 있습니다. 얼마 전에는 우리나라에도 예멘 사람들이 와서 난민 신청을 한 예가 있었지요.

난민 문제는 왜 생길까요? 전쟁, 기아, 탄압 등은 결국 무엇이 원인일까요? 국민들을 잘 보살피고 행복하게 살 수 있도록 하는 것이 국가의 기본적인 의무입니다. 그런데 국민이 어쩔 수 없이 자기 나라를 떠나야 하는 상황이 된다면 누구의 잘못일까요? 결국 나라가 실패하는 것은 통치자의 잘못이 큽니다. 국민이야 어떻

20세기 난민 발생 사례 러시아 혁명 기간에 약 150만 명이 러시아를 떠났고, 독일의 나치 정권을 피해 약 250만 명이 독일을 떠났다. 1947년 인도와 파키스탄의 분열 때, 1948년 팔레스타인 전쟁과 1975년 베트남 전쟁 때 조국을 떠난 난민이 대표적인 난민 발생 사례이다. 1998년 코소보 사태 때는 78만 명이 학살을 피해 국외로 탈출하였다.

게 되든 자신의 권력과 이익을 추구하는 데 더 큰 관심이 있으면 국가 통치는 실패하기 쉽습니다.

더 나은 미래를 위해 자신을 희생하는 통치자가 있을 경우 일시적으로 나라가 힘들더라도 국민이 스스로 나라를 떠나지는 않을 것입니다. 결국 통치자를 잘 뽑고, 훌륭한 통치자를 잘 지키는 것이 무엇보다도 중요하다는 사실을 알 수 있겠지요?

우리도 힘든데, 난민들을 도와줘야 되나?

어쩔 수 없이 살던 나라를 떠나 다른 나라로 들어가고자 하는데 그 나라는 난민을 받아들이지 않을 수가 있을까요? 난민을 받아들이지 않으면 어떻게 되나요?

제네바 난민 협약에 따르면, 자기 나라를 등지고 다른 나라로 들어가 난민 신청을 하면 그 나라는 자격 심사를 해서 받아들여야 합니다. 국가들 간에 함께한 약속이기 때문에 이것을 충실히 따르지 않으면 국제 사회에서 엄청난 비난과 불이익을 감수해야 합니다. 인권 불이행 국가라는 불명예를 안게 되고, 심한 경우 경제 제재와 같은 불이익을 당하게 되지요.

자격 심사는 신청한 사람이 정말 난민 자격이 있는지, 그리고 본국으로 돌려보낼 때 죽임을 당하거나 고문 등으로 곤경에 처할 가능성이 있는지 등을 알아보는 과정입니다. 난민으로 판정되면 임시적으로 살 수 있도록 허가를 해 주어야 합니다. 난민 자격을 얻게 되면 그 난민은 선택한 나라의 법과 규칙을 따라야 할 의무를 동시에 갖게 됩니다.

18세가 안된 미성년자가 어떤 나라에 난민 신청을 할 경우 반드시 받아들여야 합니다. 자격 심사를 하는 동안 거주지와 생활비 제공, 그리고 학교 교육 등을 의무적으로 제공해야 합니다.

난민 신청을 하면 받아들여야 해

　난민 문제는 앞으로 더 생길 수 있다고 전망합니다. 앞에서 배운 현실주의적 시각으로 살펴볼 때, 개인의 이익과 권력만을 탐하는 통치자가 계속해서 나올 수 있기 때문입니다. 그리고 기아 문제, 환경 문제, 지구 온난화로 인한 자연 재해 등도 앞으로 더 자주 일어날 수 있기 때문이기도 합니다.

　하지만 너무 비관적으로만 생각할 필요는 없을 것 같아요. 왜냐하면 예전에 비해 국민들의 행복과 발전을 위해 노력하는 국가들이 늘어나고 있기 때문이지요. 통계를 보면 알 수가 있습니다. 그리고 국제 연합과 같은 국제단체가 평화적 역할을 담당할 뿐 아니라 세계 국가의 일원으로 책임을 가지고 가난한 나라와 국민들을 원조해 주는 국가들이 늘어나고 있어요. 그래서 실패한 국가가 발생하는 경우가 점점 줄어들고 있습니다.

우리나라는 전쟁을 겪고 가난한 시기를 거쳐 지금은 세계 11위의 부자 나라로 진입했습니다. 세계에서 성공한 나라 중 가장 손꼽히는 사례입니다. 하지만 성공한 만큼 세계에 기여해야 할 책임도 같이 따릅니다. 어려움에 처한 국가들을 도와주어야 하는 것은 국제적 도덕과 규범이기 때문입니다.

"우리도 살기 어려운데 왜 남을 도와주어야 하지?" 하고 반문할 수 있겠지만, 국제 사회에서 살아가고 있는 우리의 의무이자 도리라고 받아들여야 합니다. 그래야 우리도 어렵고 힘들 때 당당히 도움을 요청할 수 있습니다.

35

딱딱한 외교, 부드러운 외교, 뭐가 좋아?

친구들 간의 관계는 아주 복잡하지요. 좋아하는 친구도 있고, 싫어하는 친구도 있고, 관심이 없는 경우도 있을 거예요. 여러분은 친구와 갈등이 있으면 어떻게 문제를 해결하나요?

아마 네 가지 방법이 있을 것 같아요. 첫 번째는 그냥 말도 안하고 무시하고 지내는 것으로, 가장 쉬운 방법이지요. 이 경우는 특별한 계기가 없으면 친한 친구로 발전될 수 있는 가능성이 아주 낮을 겁니다.

그런데 아주 친한 친구가 내가 싫어하는 친구에게 괴롭힘을 당하면 어떻게 하지요? 아마 용기를 내서 싸움을 하거나 그전에 "내 친구를 괴롭히면 너도 큰 봉변을 당할 거야!" 하면서 압력을 넣을 겁니다. 그래도 괴롭힘이 계속되면 싸움이라도 해서 아주 친한 친구를 도와주겠지요. 그런데 싸움을 하면 질 수도 있고, 이기더라도 다치거나 후유증이 있을지도 모릅니다. 이것이 두 번째 방법이지요.

세 번째는 친한 친구를 괴롭히는 친구와 대화를 하는 방법입니다. 왜 괴롭히는지 이유를 듣고 서로를 화해시키고자 할 겁니다. 다시는 이런 일이 일어나지 않도록 화해를 시켜서 같이 친한 친구가 될 수도 있겠지요.

네 번째는 선생님께 말씀드려 해결해 달라고 하는 방법일 겁니다. 그런데 선생님이 알게 되면 여러 가지로 복잡하고, 학교에

알려질까 봐 흔히 선택하지 않는 방법일지도 모르겠습니다.

앞에서 설명한 첫 번째 방법은 나라들 간의 관계에서도 흔하게 발생하는데, 외교적으로 수교를 맺지 않는 것입니다. 세계에는 230개 정도의 국가가 존재하는데, 여러 가지 이유로 수교를 맺지 않는 나라들이 있습니다.

두 번째 방법은 사람들이 근육을 자랑하듯이 국가들도 무기와 같은 국력을 앞세워 상대방에게 경고하고 강제로 무력을 사용하는 방법입니다. 이를 하드 외교 즉 강한 외교라 부릅니다. 그런데 상대방도 강한 힘을 가지고 있다면 전쟁에서 이기는 것이 불확실하고, 이기더라도 큰 피해를 볼 수가 있습니다. 전쟁을 일으키면 이웃 국가들, 즉 국제 사회에서 비난을 받을 수도 있지요. 강한 외교는 적대감을 가진 나라들을 생기게 해 국내 안전에 문제가 될 수가 있습니다. 폭탄 테러가 일어나거나 국민들이 납치당하거나 하는 일이 생길 수 있지요.

소프트 외교가 좋아!

세 번째 방법은 대화와 협상을 통해 문제를 해결하는 것입니다. 이를 소프트 외교 즉 부드러운 외교라 부릅니다. 서로 관계가 안 좋은 나라들을 위해 누군가가 중재하거나 중간 역할을 해 주는 것이 필요합니다. 그래서 중립 국가, 혹은 이웃 국가들이 갈등하는 두 나라가 대화를 할 수 있도록 다리를 놓아 주는 경우가 있습니다. 서로 싸우지 않기 때문에 피해가 가장 적지만 힘이 월등하게 센 나라가 있으면 대화는 잘 진행되지 않고, 전쟁으로 치달을 수 있다는 점이 단점입니다.

네 번째 방법은 국제 연합과 같은 국제단체에 중재를 요구하는 경우와 같습니다. 담임 선생님은 학교라는 공동체의 일원으로 학생들의 안전, 학교생활의 만족 등을 책임지고 있기 때문에 학생들의 문제와 갈등도 해결할 의무를 지고 있습니다. 국제 연합도 국가 간의 갈등이 일어나면 해결을 위해 각 나라에 권고를 하는 경우가 있습니다. 국제 연합은 이 권고안을 통해 국제 문제를 해결하고자 합니다. 선생님이 통지문을 부모님에게 보내는 경우라 할 수 있지요.

우리나라는 190개의 수교국 중 114개 국가에 대사관을 설치하고 있고, 44개 국가에는 총영사관을 설치해 외교 관계를 관리합니다. 대사관은 대사라는 명칭의 외교관을 상대국에 보내 관리하는 것을 의미합니다. 최고로 높은 외교 관계라 할 수 있습니다. 총영사관은 총영사라는 외교관을 보내는 경우입니다. 대부분 대사관과 비슷한 일을 수행하기는 하지만 대사관보다는 격이 낮다고 할 수 있습니다.

국가 간에 여행, 관광을 활발히 하고, 문인이나 예술인의 방문 등 문화 교류를 통해 가까워지는 방법도 소프트 외교의 하나입니다. 이를 통해 국가 간의 거리를 줄이고 이해하려고 하는 마음이 생겨나지요. 소프트 외교는 싸우지 않으면서 가장 효율적으로 좋은 관계를 만들어 갈 수 있기 때문에 외교적으로 많이 사용되는 방법입니다.

학교생활에서도 외교 관계를 잘 사용해 보기 바랍니다. 가장 중요한 것은 부드러운 외교를 바탕으로 많은 친구들과 친해지는 것입니다. 평상시에 다른 친구들을 이해하고 가까이 가려고 노력해 보세요. 더 많은 친구를 사귈 수 있습니다.

7장

어떤 사람이 정치 지도자가 되어야 할까?

36

정치는 우선순위를 정하는 거라고?

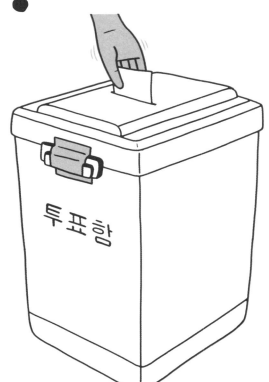

투표함

여러분도 훌륭한 정치 지도자가 되고 싶다고요? 네, 아주 멋진 꿈이에요. 여러분이 정치 지도자가 되기 위해서 먼저 정치가 무엇을 의미하는지 개념부터 살펴보기로 해요.

정치는 우리가 원하는 것을 폭력을 사용하지 않고 우선순위를 정해 결정하는 과정과 행위라고 할 수 있습니다. 여기서 '우리', '폭력', '순위', '과정', '행위' 등의 의미를 살펴봐야 하겠습니다.

'우리'라는 개념은 전체를 의미합니다. 학교에서는 학생 전체, 학급에서는 학급의 학우 모두가 우리의 개념에 해당됩니다. 국가에서는 전체 국민이라고 보면 되겠습니다. 그런데 국민은 한 나라의 영토 안에 사는 사람뿐 아니라 해외에 나가서 잠시 체류하거나 거주하는 사람까지 모두 포함됩니다. 국민의 권리를 규정한 것이 바로 시민권에 대한 규정입니다. 시민권의 자격과 기준을 자세히 살펴볼 필요가 있겠지요.

그런데 우리가 원하는 것을 정치적으로 결정하기 위해서는 일정한 기준에 부합한 사람들이 참여해서 동의해 줘야 합니다. 바로 선거 혹은 국민 투표, 주민 투표라는 절차에 참여해야 하는 것이지요. 투표권이 있는 국민을 우리는 유권자라고 부릅니다. 유권자를 정하는 기준에는 나이와 시민권, 거주 기한 등이 포함됩니다. 바로 '우리'가 결정한다고 했을 때 선거에 참여하는 유권자가 우리의 주체가 됩니다. 어린 학생들은 부모님이 대표해 가족의 공동의 입장을 표명한다고 볼 수 있지요.

'폭력'을 수반하는 결정은 어떤 경우도 정당화될 수 없습니다. 폭력에는 눈으로 보이지 않는 협박과 공갈, 위협 등도 함께 포함됩니다. 즉 투표소에 가서 투표하도록 강요하거나 투표소에 가지 못하도록 강제로 막는 것도 간접적 폭력에 포함됩니다. 이런 경우는 선거 결과가 왜곡되기 때문에 정당한 절차로 받아들일 수 없게 됩니다.

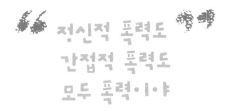

정신적 폭력도
간접적 폭력도
모두 폭력이야

폭력에는 보이지 않는 정신적 폭력도 포함됩니다. 거짓 정보를 퍼트려 정신적 충격을 주고, 선거 결과에도 영향을 미쳤다면 폭력이라고 할 수 있습니다. 폭력은 정당성 결핍의 원인이 됩니다. 이렇게 폭력을 동원하여 대통령이 되었거나, 국회 의원 선거에서 당선된 사람들은 국민들이 대표로 인정할 수가 없어 불신과 저항의 대상이 됩니다.

선거라는 절차는 '순위'를 결정하는 것을 의미합니다. 앞에서 이야기한 다양한 가치와 국민적 요구 사항에 대해 무엇이 더 시급한 문제인지, 그리고 어떻게 우리의 세금으로 집행되는 예산이 배정되어야 하는지 순서를 정해 배분하는 것이 중요한 정치의 역할이라 할 수 있습니다. 그래서 정치를 흔히 '재화의 권위적 분배'라고도 합니다. 여기서 재화는 권력, 자본, 세금, 이자 등을 포함하고 있는 넓은 의미를 지닌 단어입니다.

정치는 '과정'이자 '행위'입니다. 정치를 통해 당면한 문제를 토론하고, 결정하며, 정책을 집행합니다. 정치는 경제 발전을 이루고, 좋은 일자리를 만들기 위해 기업 정책을 펼칩니다. 또 노동자들의 안전한 노동 환경을 보장하기 위해 노동자와 기업주가 만나 대화하고 결정 사항을 실천해 나가게 하는 모든 절차와 과정 그리고 행위 등을 포함합니다.

37

지도자가
반드시
해야 하는
일은?
•••••

어떤 나라는 민주화가 잘 이루어져 있고, 경제 수준도 상당히 높은데, 어떤 나라는 경제 수준도 뒤떨어져 있으며 부패율이나 범죄율도 높아 살기 힘듭니다. 왜 이렇게 차이가 나는 걸까요? 정치학자들은 국가의 성공과 실패의 원인 중 하나로 정치 지도자의 능력과 자질을 꼽습니다.

국가를 통치하는 정치 지도자는 어떤 일을 하는 사람일까요? 크게 여덟 가지로 나눠 볼 수 있습니다.

첫째, 정치 지도자는 국가의 미래에 대해 고민하고 국민들에게 국가가 나아가야 할 방향과 방법을 구체적으로 제시합니다. 보통 사람들이 자기중심적으로 사회를 보고자 한다면 정치 지도자는 국민들 대다수가 행복한 사회를 꿈꾸고 그것을 이루고자 하는 사람이어야 합니다.

둘째, 정치 지도자는 그런 목표와 방향으로 나아가기 위해 무엇이 중요한 것인지 국민들에게 제시합니다. 현재 당면한 문제점을 해결하기 위해 가난 극복, 사회 질서, 자유, 평등한 권리 등 중요한 가치를 국민들 앞에 제시하게 됩니다.

셋째, 정치 지도자는 국가와 사회에 필요한 새로운 가치를 창출해 냅니다. 예를 들어 미국의 루스벨트 대통령은 뉴딜 정책을 펴 새로운 사회 발전의 기틀을 만들어 나갔고, 케네디 대통령은 뉴 프런티어십을 내세워 기술, 과학, 국방, 외교 등에서 미국이 앞서가도록 강력하게 추진해 나갔습니다.

넷째, 정치 지도자는 일반 국민들에게 지금의 문제를 이해시키고 해법을 찾아 조치를 취합니다. 정당 지도자들은 각 당이 가지고 있는 해법들이 다른 당과 다른 점을 부각시키고 지지를 호소하게 됩니다. 선거 때 당 대표 연설, 선거 운동 등을 통해 유권자들의 마음을 움직이고자 하지요.

정치 지도자의 여덟 가지 역할

다섯째, 정치 지도자는 국가 문제의 중대성에 따라 순위를 정해 자원을 배분하고 조치를 취합니다. 정부와 주요 기관들에 인재를 배치해 시너지 효과를 내는 역할도 하지요.

여섯째, 정치 지도자는 직접 나서서 실천하는 모습을 보여 주어야 하며, 국민들과의 소통도 원만하게 이루어 내야 합니다. 그리고 자신이 임명한 사람들이 국민들에게 신뢰를 주는 행동을 하고 있는지 꼼꼼히 살펴야 합니다.

일곱째, 정치 지도자는 국민이 알지 못하는 고급 정보들을 많이 접합니다. 그래서 그 고급 정보를 가지고 국가의 현안과 문제, 그리고 미래 도전들에 대해 미리 예측해 대비해야 합니다. 그런데 여기서 불확실하거나 스스로 확신할 수 없는 부분은 국민들 앞에서 허심탄회하게 이야기해 국민들도 이해할 수 있도록 노력해야 하지요.

마지막으로 정치 지도자는 국민들에게 존경의 대상이 되어야 합니다. 도덕적으로도 귀감이 가는 역할을 하고 스스로 헌신하고 희생하는 모습을 보여 줄 때, 국민들에게 진정으로 존경받게 되고 역사적 인물로 기록됩니다. 그렇지 않을 경우 임기가 끝나면 잊히거나 대통령 시절에 행한 악행 때문에 임기 후 재판을 받고 사법적 책임을 지기도 합니다.

정치 지도자를 꿈꾸는 사람은 이 여덟 가지를 깊이 있게 성찰해 볼 수 있길 바랍니다.

38

링컨과 만델라가 진짜 존경받는 이유는?

존경합니다.

존경합니다.

세계에서 가장 존경받는 정치 지도자는 누구일까요? 링컨이라고 말하는 친구들이 많을 겁니다. 넬슨 만델라라고 말하는 친구들도 있겠지요. 이들은 어떤 이유로 존경받고 있을까요?

링컨은 가난한 집에서 태어나 정규 교육을 제대로 받지 못하고 독학으로 변호사가 된 인물입니다. 링컨은 일리노이주 의회 의원으로 선출돼 정계에 입문했지요. 노예 해방을 공약으로 내세우며 설립된 공화당에 입당하여 미국의 16대 대통령으로 당선되었습니다. 링컨은 현재 민주당과 함께 양당 체제를 구축하고 있는 공화당을 이끈 최초의 대통령입니다.

1860년에 미국은 여전히 노예 제도를 유지하고 있었습니다. 당시 미국 북부 지역은 남부에 비해 노예 해방에 대해 상당히 우호적인 태도를 취하고 있었지요. 그 이유는 남부 지방은 주로 사탕수수와 목화 등을 경작했기에 인구의 90퍼센트가 흑인 노예로 구성되어 있었지만, 북부는 산업 시설이 많고 백인이 90퍼센트를 차지하고 있었기 때문입니다.

1833년에 영국에서 노예 해방을 선언한 이후 유럽 국가들 중심으로 노예 해방이 확산되고 있었기 때문에 미국도 북부 지역을 중심으로 노예 해방에 긍정적인 여론이 형성되었습니다. 공화당의 대통령 후보로 결정된 링컨은 노예 해방에 매우 적극적인 지지자였습니다. 그래서 남부에서는 공화당 후보가 대통령으로 당선

된다면 미합중국에서 탈퇴해 독자적 국가를 선포하겠다고 위협했습니다.

1860년 대통령 선거에서 링컨이 당선되어 노예 해방을 추진하려고 하자 남부는 미합중국에서 탈퇴하겠다는 선언을 했습니다. 북부는 어쩔 수 없이 남부와 전쟁을 할 수밖에 없는 상황이 된 것이지요. 전쟁은 그랜트 장군이 지휘하는 북군이 리 장군의 남군을 게티즈버그 전투에서 패퇴시켜 끝났습니다. 미국 남북 전쟁은 100만 명 이상의 전사자와 실종자를 낸 미국 역사상 가장 비극적인 전쟁으로 꼽힙니다.

링컨은 약속대로 노예 제도를 폐지해 흑인들은 강제 노동과 구속에서 해방되었습니다. 링컨은 그 유명한 '국민의, 국민에 의한, 국민을 위한 정부'라는 말을 남겼으며, 국민 주권 사상을 뿌리내리게 했습니다.

세계적으로 존경받는 정치인이 되려면?

넬슨 만델라는 백인 우월주의 사상을 기초로 한 인종 차별 정책에 희생되어 종신형을 선고받고 27년간 감옥 생활을 했습니다. 만델라의 통치력도 세계 인류에 중요한 메시지를 전달해 주고 있습니다. 만델라는 1918년 남아프리카 공화국의 흑인 상류층에서 태어나 법학을 공부해 변호사가 되었습니다. 하지만 편안하고 안정적인 삶을 버리고, 흑인들에 대한 차별과 억압에 대항하는 단체인 아프리카 국민회의에 가담해 활동했지요. 27년간의 감옥 생활후 남아프리카 공화국의 첫 흑인 대통령으로 취임한 만델라는 백인에게 보복 정치를 하지 않았습니다. 화해와 용서 그리고 포용의원칙을 바탕으로 평화와 통합의 정치를 펼쳤지요. 만델라는 남아프리카 공화국의 백인과 흑인 그리고 소수 민족 모두에게 존경을받았습니다.

그렇다면 이 두 정치 지도자가 미국과 남아프리카 공화국의국민들에게만 존경받는 것이 아니라 전 세계적으로 존경받는 이유는 무엇일까요? 링컨과 만델라는 공통적으로 통합과 포용의 정치를 몸소 실천했기 때문입니다. 또 어려운 시절을 보내고 대통령이라는 최고 정점에 올라섰지만 초심을 잃지 않고 끝까지 인간의존엄성, 법 앞의 평등사상 등 대의를 위해 헌신했기 때문이지요.한 나라의 정치적 영웅과 세계적으로 존경받는 정치인을 구분하는 방법이 무엇일지 곰곰이 생각해 볼까요?

39

사회를 부패시키지 않으려면?

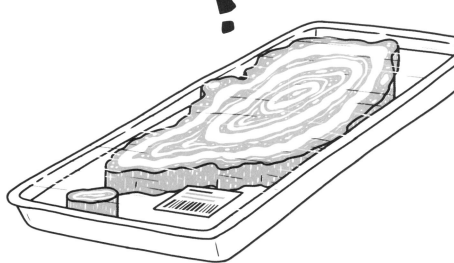

여름에는 맛있는 과일이 참 많지요? 그런데 과일은 여름에 특히 잘 썩고 지독한 냄새를 풍깁니다. 왜 여름에는 과일이나 음식이 잘 썩을까요?

여름에는 온도가 높습니다. 낮 기온이 영상 30도 이상 넘어가고 아스팔트 위에서는 80~90도까지 올라간다고 합니다. 음식은 높은 온도일수록 잘 상합니다. 또 한 가지는 습도입니다. 여름에는 습도가 높아 수건에서도 냄새가 잘 나는 것처럼 음식 및 과일 찌꺼기에는 수분이 많아 더 잘 상하게 됩니다. 상하면서 냄새를 내는 것이지요. 이것들이 잘 썩는 이유는 한 가지가 더 있습니다. 바로 당분입니다. 당분이 있기 때문에 파리와 하루살이 등의 곤충이 날아들어 박테리아를 옮깁니다. 박테리아는 영양분을 분해해서 더 잘 부패하게 만드는 주범이기도 합니다.

그러면 사회는 왜 잘 부패할까요? 사회 부패의 원인에는 여러 가지가 있습니다. 우선 정치인에게 많은 권력이 집중되기 때문입니다. 정치인은 법을 만들고, 세금을 거두어 예산을 배분하고, 도로, 다리, 댐, 공장 인허가 등에 개입하는 중요한 권한을 가집니다. 정치인은 국민이 뽑지만 임기 동안에는 독자적으로 행동하면서 다양한 정치적 결정에 참여하게 됩니다. 이것을 우리는 정치권력이라고 부릅니다. 정치권력의 내용은 헌법과 의원 활동 관련법 (의원법, 국회법, 의원지원법 등)에 규정되어 있습니다.

불공정한 사회를 만드는 패거리 문화

　정치권력은 제대로 사용되면 문제가 없지만, 정치인 개인의 야망과 이익을 위해 사용되면 문제가 발생합니다. 정치인들은 법을 만드는 사람들이기 때문에 다양한 정보를 접합니다. 그리고 정치인이라는 이유로 정부와 지방 자치 단체, 정부 기관 등으로부터 필요한 정보를 받을 수 있습니다. 마음만 먹으면 얼마든지 그러한 고급 정보들을 자신의 이익을 위해 사용할 수 있지요. 자신의 이익뿐 아니라 자녀, 조카, 손주, 가까운 친척들에게도 이익을 주는 행동을 할 수가 있습니다.

　이러한 행동은 부패의 커다란 원인이 되고 사회는 불공정하게 됩니다. 왜 그럴까요? 가까운 사람이 취직할 수 있도록 도움을 주게 되면, 원래 실력으로 들어가려고 했던 사람이 그 자리를 잃게 됩니다. 누군가가 취하는 이익 때문에 그 이익을 얻을 수 있었던 사람에게는 불공정하게 되는 것입니다.

　사회의 부패를 야기하는 두 번째 이유는 패거리 문화 때문입니다. 끼리끼리 뭉치고 봐주는 문화가 패거리 문화입니다. 출신, 지역, 학교, 친구 등 가까운 사람을 중요한 자리에 앉히거나 선거에 나가 이길 수 있도록 도와주는 것을 연고 주의라고 부릅니다. 선거에 나가 공정하게 경쟁하면 이길 수 있는 사람이 배경이 다르다는 이유로 추천되지 못해 아예 선거에 나가 보지도 못하는 일이 생기기도 합니다.

이런 불공정한 문화가 사회에 널리 퍼져 있으면 그 결과로 인해 생겨나는 패자는 처음에는 승부의 결과를 인정하지 않으려 합니다. 그래서 항의해 보지만 아무것도 변하지 않을 때는 결국 포기하고 맙니다. 그러다가 힘 있는 사람을 찾아가 도움을 요청하게 됩니다. 이때 청탁을 위해 돈을 주거나, 힘을 가진 사람이 만족할 만한 다른 약속을 하게 됩니다. 이렇듯 정의로운 사회의 기초가 흔들리면 대다수의 사람들은 갈수록 더 살기가 힘들어집니다.

사회의 부패를 야기하는 또 다른 이유는 무조건적인 충성과 헌신을 강조하는 위계적 사회 구조 때문입니다. 윗사람이 원하는 대로 하면 보상을 해 주기 때문에 자신의 창의력을 발휘하거나 미래의 비전을 생각하기보다는 지시하는 것만 따르게 됩니다. 이렇게 무조건적인 충성과 복종의 주종 관계가 생기면, 일과 관계없는 일상생활에서도 상하 관계로만 자신의 위치를 파악하게 됩니다. 창의성과 개성 등은 중요한 요소가 되지 못하고 나이, 직업, 성별, 수입, 아파트, 자동차 등 물질적이고 신분적인 것이 더 중요한 사회적 가치가 됩니다.

결국 누가 이기고 지는지가 시작도 하기 전에 결정되는 불공정한 사회를 만듭니다. 사람들은 어떤 수단이라도 사용해 승리하려고 하고, 실력을 쌓는 대신 힘 있는 사람을 찾아가 목적을 달성하려고 하기 때문에 결과적으로 부패는 점점 더 커지게 됩니다.

　과일을 오래 보관하려면 차가운 냉장고에 넣어 두면 되지만, 사회가 부패하지 않게 하려면 어떻게 해야 할까요?

정치 지도자는 타고날까, 만들어질까?

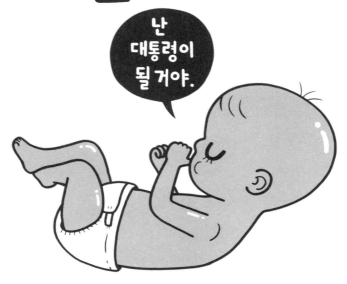

난 대통령이 될 거야.

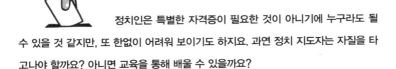

정치인은 특별한 자격증이 필요한 것이 아니기에 누구라도 될 수 있을 것 같지만, 또 한없이 어려워 보이기도 하지요. 과연 정치 지도자는 자질을 타고나야 할까요? 아니면 교육을 통해 배울 수 있을까요?

정치를 하기 위해서는 전문성을 갖춘 사람들이 필요합니다. 정치인 중에는 국회, 광역 의회, 기초 의회 등에서 법을 만드는 선출직 의원도 있고, 대통령, 도지사, 시장, 군수, 구청장 등과 같이 행정을 책임지는 사람들도 있습니다. 모두 헌법과 법에 따라 보장된 임기 동안 정치를 전문적으로 책임지고 수행하는 사람들입니다. 그러면 정치인들은 태어나면서부터 정치인이 될 자질을 갖고 태어나는 것일까요? 아니면 교육을 통해 배운 것일까요?

토머스 칼라일이라는 학자는 정치인은 태어나면서부터 그런 자질을 갖고 태어난다고 말합니다. 성악가나 축구 선수, 작곡가 같은 사람들도 부모로부터 재능을 받고 태어나야 능력을 쉽게 발휘할 수 있는 것처럼 위대한 정치가도 처음부터 그런 능력을 갖고 태어난다고 보았습니다. 나폴레옹이나 처칠 같은 사람들은 어려서부터 남을 이끄는 것을 잘했고, 군대에서도 장교로 항상 부하를 통솔하는 역할에 익숙했다고 합니다. 알렉산더 대왕, 로마의 카이사르, 칭기즈 칸 같은 사람들도 그런 기질이 처음부터 있었다고 본 것이지요. 하지만 과연 그럴까요?

반면 허버트 스펜서라는 학자는 축적된 지식과 경험 그리고 훈련으로 정치 지도자는 만들어질 수 있다고 보았습니다. 처음부터 자질을 갖고 태어난 사람들도 있겠지만, 주로 정규 교육이나 자신만의 체험과 독서 그리고 통찰을 통해 새로운 지도자가 나온다고 믿은 것이지요. 스펜서는 역사를 통해 발전되고 축적된 기술과 역량을 습득하는 것이 중요하다고 보았습니다. 링컨이나 만델라 같은 세계적인 정치인들도 어려서부터 남을 통솔하고 이끄는 능력을 보여 주지는 않았다고 본 것입니다.

사회를 변화시키고 싶다!

하지만 일반적으로 두 학자의 의견 모두 맞다고 봅니다. 즉 태어나면서부터 그런 기질이 있는 사람이 있는 반면에 부모나 선생님의 교육 그리고 여행이나 독서 등을 통해 지도자의 꿈을 꾸는 사람들 모두 훌륭한 정치인이 될 수 있습니다.

여러분은 남을 통솔하는 데 관심이 많은가요? 아니면 다른 사람이 나서서 결정해 주기를 바라나요? 더 중요한 것은 학교나 가정 그리고 사회에서 느끼는 많은 문제점을 적극적으로 나서서 해결하고 싶은 마음이 있나요? 스스로 통솔력이 있거나, 없더라도 배워서 적극적으로 사회를 변화시켜 나가고 싶은 사람이라면 미래 정치가로서의 기본적 자질은 있다고 볼 수 있습니다. 여러분의 꿈을 응원합니다.

질문하는 사회 07

민주주의가 왜 좋을까?

초판 1쇄 발행 2019년 4월 22일
초판 5쇄 발행 2022년 12월 9일

지은이 최연혁 그린이 박우희
펴낸이 이수미
편집 이해선
북 디자인 신병근
마케팅 김영란

종이 세종페이퍼 인쇄 두성피엔엘 유통 신영북스

펴낸곳 나무를 심는 사람들
출판신고 2013년 1월 7일 제2013-000004호
주소 서울시 용산구 서빙고로 35. 103동 804호
전화 02-3141-2233 팩스 02-3141-2257
이메일 nasimsabooks@naver.com
블로그 blog.naver.com/nasimsabooks

ⓒ 최연혁, 2019
ISBN 979-11-86361-88-7
      979-11-86361-44-3(세트)